楽しくおぼえちゃおう！
ことわざモンスター図鑑

編著／WILLこども知育研究所　絵／村田桃香

ことわざモンスターの世界へようこそ！

やあ！ぼくの名前は、わんぽこ。「犬も歩けば棒に当たる」ということわざからできた、ことわざモンスターだよ！

わんぽこ

- 重さ　8kg
- 高さ　70cm
- 強さ　★★☆☆☆
- タイプ　どうぶつ
- 出現場所　足が向く所
- 武器　軽いフットワーク

元気いっぱいで、あちこち動きまわっては事件をまきおこしているモンスター。おっちょこちょいでよくなにかにぶつかっているから、いつも頭にたんこぶができているぞ。

ことわざ【犬も歩けば棒に当たる】

なにかしようとすると、思わぬ災難にあうという意味。また、動きまわっていれば、思いがけない幸運にめぐりあうことがあるという意味でも使われる。

ことわざって知ってる？
古くからいいつたえられてきた、昔の人の知恵や遊び心がいっぱいつまった言葉だよ。
知らなくたって、この本を読めば、だいじょうぶ！
ぼくたち、**ことわざモンスター**がキミたちを楽しいことわざの世界に案内するからね。
この本には、ぼくの友だちのモンスターがたくさん登場するんだ。
ことわざモンスター、略して、**ことモン**。
みんなゆかいで、気のいいモンスターばかりだよ。
でも、なかにはちょっとこまったやつや、こわいやつもいるんだ。
だから、よく読んで、仲よくなるコツをつかんでね。
ぼくたちといっしょに、ことわざの世界を**ぼうけんしよう**！

もくじ

- ◆ ことわざモンスターの世界へようこそ！……2
- ◆ この本の使い方……7

あ行

- 明日は明日の風がふく（明日風小僧）……8
- 雨ふって地固まる（アメカッチン）……9
- 案ずるより産むが易し（あんわん）……10
- 石の上にも三年（いししし）……11
- 石橋をたたいてわたる（バシバッシー）……12
- 急がば回れ（いそぐるん）……13
- 一難去ってまた一難（マータ・ナンダー）……14
- 一を聞いて十を知る（一十さん）……15
- うそつきはどろぼうの始まり（うそんどろ）……16
- うわさをすればかげがさす（ヒソヒソ）……17
- 馬の耳に念仏（まーぶつ）……18
- えびでたいをつる（エビール）……19
- 縁の下の力持ち（えんのしすたーず）……20
- お茶をにごす（ドロッtea）……21

か行

なかまかなう 1 鬼なかま……22
鬼に金棒／鬼のいぬ間に洗たく／鬼の目にもなみだ／来年のことをいえば鬼が笑う／わたる世間に鬼はない

- 思い立ったが吉日（すぐっち）……24
- おぼれる者はわらをもつかむ（わらーむ）……25
- 帯に短したすきに長し（おびんたす）……26
- かえるの子はかえる（ゲコゲッコ）……27
- かっぱの川流れ（ながれっぱ）……28
- かべに耳あり障子に目あり（ミミ＆メアリー）……29
- 果報は寝て待て（グッポー）……30
- 聞くは一時のはじ 聞かぬは一生のはじ（もじもじ）……31
- 漁夫の利（ギョッフー）……32
- くさいものにふたをする（クササット）……33
- 口はわざわいの門（ざわわんわ）……34
- 犬猿の仲（ケンエン）……35
- 後悔先に立たず（アチャー）……36
- 弘法にも筆のあやまり（ふでこうぼう）……37

さ行

- 五十歩百歩（ナンポッポ）……38
- 知らぬが仏（ほっとけ〜）……41
- 三人寄れば文殊の知恵（さんもんちん）……39
- 猿も木から落ちる（さるっきー）……40
- **2 しりなかま**……42
  - しり馬に乗る／しりをたたく
  - 頭かくしてしりかくさず／しりに火がつく
- 好きこそものの上手なれ（スキルンルン）……44
- 船頭多くして船山に登る（多船頭）……45
- 善は急げ（善マッハ）……46
- そでふりあうも多生の縁（そでーん）……47
- 蛇足（ヘビノアシ）……48
- 立て板に水（ペライタ）……49
- 大山鳴動してねずみ一匹（ゴロチュウ）……50
- たなからぼたもち（ぼったん）……51
- ちりも積もれば山となる（ちりの山）……52

な行

- 月とすっぽん（つきぽん）……53
- 時は金なり（ガネナリ）……54
- 所変われば品変わる（しながわーる）……55
- となりのしばふは青い（シバグルメェ）……56
- 取らぬたぬきの皮算用（たぬたす）……57
- **3 鳥なかま**……58
  - つるの一声／とんびがたかを生む
  - かもがねぎをしょってくる／能あるたかはつめをかくす／立つ鳥あとをにごさず
- どんぐりの背くらべ（どどんぐり）……60
- 飛んで火に入る夏の虫（ヒナブン）……61
- 泣きっつらにはち（めそめそはっち）……62
- 情けは人のためならず（ココロン）……63
- 七転び八起き（ころりんぱ）……64
- にがした魚は大きい（ドロンギョ）……65
- 二兎を追う者は一兎をも得ず（ウサオート）……66
- ぬかにくぎ（ぬか〜）……67

4 ねこなかま …… 68
ねこのひたい／ねこに小判／ねこの手も借りたい／ねこにかつおぶし

- のどもと過ぎれば熱さを忘れる（ドワスレー）…… 70
- 念には念を入れる（ねんねん）…… 71
- 寝耳に水（ネミミズー）…… 72

は行
- 花より団子（美団子）…… 73
- 早起きは三文の得（スリーモンズ）…… 74
- 火に油を注ぐ（油注ビー）…… 75
- 火のない所に煙は立たない（モモクモク）…… 76
- ひょうたんからこまが出る（ひょうたんま）…… 77

ま行
- 負けるが勝ち（まけるっち）…… 78
- ミイラ取りがミイラになる（ミイラトラー）…… 79
- 道草を食う（よってくさ～）…… 80
- 三つ子のたましい百まで（みつじい）…… 81

5 目なかま …… 82
弱り目にたたり目／目は口ほどにものをいう／目くじらを立てる／二階から目薬／目の上のたんこぶ／目からうろこが落ちる

- ももくり三年かき八年（ももくりん）…… 84

や行
- やぶから棒（ヤブボー）…… 86
- やなぎの下にいつもどじょうはいない（やなぎでまつこ）…… 86
- 安物買いの銭失い（ゼニウセール）…… 85

ら行
- 論よりしょうこ（ロンリーしょうこ）…… 88
- 類は友をよぶ（ルイルイ）…… 89

わ行
- わかいときの苦労は買ってもせよ（わかめろう）…… 90
- わが身をつねって人の痛さを知れ（ミツネエ）…… 91
- 笑う門には福来たる（ワハッピー）…… 92

◆さくいん …… 93

この本の使い方

この本では、ゆかいなことわざモンスターと、そのもとになったことわざ・慣用句・故事成語をしょうかいしているよ。

- モンスターの名前。
- ことわざ・慣用句・故事成語をしょうかい。
- モンスターのタイプ。同じタイプのモンスターは、とくちょうが似ているよ。
- モンスターのプロフィール。どんなモンスターなのか、しょうかいしているよ。
- 関連のある言葉をしょうかい。
- 使い方 言葉をじっさいにどう使うか、例文とイラストでしょうかい。
- 意味と解説 言葉の意味をしょうかいし、その成りたちや、むずかしい用語を解説するよ。

ことわざ・慣用句・故事成語のちがい

ことわざ
昔からいいつたえられてきた言葉で、教訓などを短くたくみに表しているよ。
例 明日は明日の風がふく（→P.8）

慣用句
二つ以上の言葉をつなげて、特定の意味を表すいいまわしだよ。
例 お茶をにごす（→P.21）

故事成語
中国の古い物語などに由来する言葉だよ。
例 一を聞いて十を知る（→P.15）

こんなふうに使うと楽しいよ！

「も〜！どこで道草を食ってたんだ？」
「さては、よってくさ〜にさそわれてたんでしょ！」
「おそくなってごめん！」

キミの生活の中で、ことわざモンスターをかつやくさせてみてね！

※ことわざ・慣用句・故事成語の分類は、辞書によってちがうことがあります。

- 重さ　100g
- 高さ　102cm
- 強さ　★★☆☆☆
- タイプ　がっつ
- 出現場所　風がふく所
- 武器　つむじ風

【明日は明日の風がふく】
明日風小僧

くよくよしている人の所に、風とともにあらわれて、はげましてくれるモンスター。「明日は明日の風がふくでござんすよ」ととなえて、すぐ元気にしてくれるらしいぞ。

ことわざ 【明日は明日の風がふく】

意味
明日は今日とはちがうなりゆきになるかもしれないのだから、思いなやんだり、先のことを心配したりしてもしかたがないというたとえ。

解説
風向きは変わりやすいもの。向かい風が追い風になることもある。明日になれば、きっと今日とはちがう風がふくだろう、ということ。

使い方
「理科のテスト、18点か……。まあ、きっと明日は明日の風がふくよね」

◆「風（かぜ・ふう）」がつくほかの言葉
風がふけばおけ屋がもうかる…なにか起きたことが、思わぬ所にえいきょうするたとえ。
風雲急を告げる…大事件が今にも起こりそうなようすのたとえ。

【雨ふって地固まる】アメカッチン

- **重さ** 70〜140kgほど
- **高さ** 5〜180cmほど
- **強さ** ★★★☆☆
- **タイプ** なぞ
- **出現場所** 空き地
- **武器** どろだんご

天気によってすがたが変わるモンスター。雨がふった後にアメカッチンに近づくと、どろがついてしまうから、気をつけて。晴れの日なら、カチカチに固まっているから安心だ。

ことわざ 【雨ふって地固まる】

意味 いざこざやもめごとが起こった後は、かえって前よりもよいじょうたいになるということのたとえ。

解説 雨がふると地面は一時的にぬかるむが、時間がたつとしっかり固まることから。

使い方 「大げんかしてから、前より仲よくなったんだ。雨ふって地固まるだね」

◆「雨（あめ・う）」がつくほかの言葉

雨だれ石をうがつ…わずかな努力でも、根気よく続ければ成果を得られるという教え。

雨後のたけのこ…似たようなことが、次々と続いて起こるようすのたとえ。雨がふった後は、たけのこがたくさん生えることから。

【案ずるより産むが易し】

あんわん

- 重さ　12kg
- 高さ　50cm
- 強さ　★★★☆☆
- タイプ　どうぶつ
- 出現場所　神社やお寺
- 武器　ほえる

子だくさんで元気いっぱい。いつもかわいい子どもたちを連れているぞ。「出産の前にあんわんをなでると安産になる」と、もっぱらのうわさで、にんぷさんから大人気のモンスターだ。

ことわざ 【案ずるより産むが易し】

意味
思いきって行動にうつせば、案外うまくいくものだという教え。

解説
子どもを産む前はいろいろと心配するものだが、産んでしまえばたやすいことだったように感じられることから。「案ずる」は心配すること。「易し」はかんたんという意味。

使い方
「ピアノの発表会、ちゃんとひけるか不安だったけど、案ずるより産むが易しだった」

◆「易」がつくほかの言葉

いうは易く行うは難し…口でいうだけならかんたんだが、それをいざ実行するとなるとむずかしいものだという教え。「難し」はむずかしいという意味。

10

【石の上にも三年】いししし

- 重さ　33kg
- 高さ　33cm
- 強さ　★★★☆☆
- タイプ　がっつ
- 出現場所　岩山
- 武器　体当たり

石の上にすわりつづけているうちに、石と一体化してしまったモンスター。何年でも同じ所でじっとしていられるので、いしししをさがしだすのはとてもむずかしいぞ。

ことわざ【石の上にも三年】

意味　つらいことでも、がまん強く努力を続ければいつか必ずなしとげられるという教え。

解説　冷たい石も長い間すわりつづけていれば、温まることから。

使い方　「石の上にも三年。努力が実って部長になれたよ」

◆「石」がつくほかの言葉

他山の石…他人の失敗やおろかな行いも、自分が反省する材料になるということ。ほかの山の石も、宝玉をみがく役には立つことから。

焼け石に水…少しばかりの助けや努力では、ききめがないことのたとえ。火で焼いた熱い石に少し水をかけても冷めないことから。

【石橋をたたいてわたる】バシバッシー

- 重さ　3kg
- 高さ　18cm
- 強さ　★★★☆☆
- タイプ　どうぐ
- 出現場所　橋など
- 武器　バシバシたたく

工事用ヘルメットにやどるモンスター。安全第一で、かなり用心深いぞ。橋や建物などでバシバシと音がしたら、バシバッシーがたたいて安全をたしかめているのかも！？

ことわざ 【石橋をたたいてわたる】

意味
用心に用心を重ねて、しんちょうに物事を行うこと。とても用心深いことのたとえ。

解説
石でできたがんじょうな橋を、わざわざたたいて安全をたしかめてからわたることから。

使い方
「姉は石橋をたたいてわたる性格で、旅行のじゅんびに五時間もかけている」

● 似た意味の言葉
転ばぬ先のつえ…前もってよくじゅんびしておけば、失敗することはないというたとえ。
念には念を入れる（→P.71）

▼ 反対の意味の言葉
当たってくだけろ…先のことはともかく、とにかく思いきってやりなさいという教え。

- 重さ　8kg
- 全長　2m
- 強さ　★★☆☆☆
- タイプ　ちえ
- 出現場所　道ばた
- 武器　まきつき

【急がば回れ】いそぐるん

人が先を急いであぶない近道を選ぼうとすると、足にまきついて止めてくれるモンスター。遠回りに思えても、いそぐるんが教えてくれる安全な道を行くほうが、早く目的地に着けるぞ。

あぶなかった…

体動かすいい機会ね

ことわざ 【急がば回れ】

意味　急ぐときは、あぶない近道を行くよりも、遠回りでも安全な道を行くほうが早く着く。急ぐときほど、確実な方法をとりなさいという教え。

解説　「回れ」は遠回りしなさいという意味。

使い方　「車で行けば速いけど、じゅうたいしそうだね。急がば回れで、歩いていこうか」

●似た意味の言葉
せいてはことをしそんじる…急ぐときほど、あせらず落ち着いてやりなさいという教え。

▼反対の意味の言葉
善は急げ（→P.46）
先んずれば人を制す…何事も人より先に行けば、有利な立場になれるということ。

マータ・ナンダー
【一難去ってまた一難】

- 重さ　各100g
- 高さ　各30cm
- 強さ　★☆☆☆☆
- タイプ　たべもの
- 出現場所　カレー屋
- 武器　特になし

インド生まれのナンのモンスター。「おいしそう！」とねらわれる毎日につかれて、日本のカレー屋さんににげてきたぞ。でも、日本でもお客さんに食べられそうになっているみたい。

ことわざ【一難去ってまた一難】

意味
災難をなんとか切りぬけて安心していたら、また別の災難がふりかかってきて、わざわいが続くこと。

解説
「一難去ればまた一難」、「二難去ればまた一難来る」ともいう。

使い方
「算数のテストが終わったと思ったら、次は国語のテスト？　一難去ってまた一難だ」

● 似た意味の言葉
前門のとら後門のおおかみ…災難を一つ切りぬけても、新たな災難におそわれるというたとえ。表の門からとらをふせいだと思ったら、うらの門からおおかみが入ってくるということから。

【一を聞いて十を知る】一十さん

- 重さ　8kg
- 高さ　62cm
- 強さ　★★★☆☆
- タイプ　ちえ
- 出現場所　勉強の場
- 武器　ちえ

きわめてかしこい、ちえタイプのモンスター。もしも運よく一十さんに出会えたら、どんなことでもしつもんしてみよう。きっとすぐに正しい答えが返ってくるはずだ。

故事成語【一を聞いて十を知る】

意味
話の一部分を聞いただけで、その全体を理解できること。察しがよくてかしこく、理解が早いことのたとえ。

解説
中国の古い書物『論語』に出てくる言葉。孔子という思想家の弟子が、別の弟子に「君は一を聞くと十を理解する」といったことから。

使い方
「うちの子は、一を聞いて十を知るような子どもで、鼻が高いわ」

似た意味の言葉
目から鼻へぬける…理解が早く、かしこいことのたとえ。また、ぬけ目がないことのたとえ。「目から鼻にぬける」「目から入って鼻へ出る」ともいう。

うそんどろ
【うそつきはどろぼうの始まり】

- 重さ　2kg
- 高さ　38cm
- 強さ　★★☆☆☆
- タイプ　くち
- 出現場所　あちこち
- 武器　どろ

うそばかりついているうちに、なにをいっても口からどろが出てくるようになってしまったモンスター。あまり口を開きたくないようで、いつも無口ですごしているぞ。

ことわざ
【うそつきはどろぼうの始まり】

意味
うそをついてはいけないといういましめ。

解説
平気でうそをつくような人は、そのうち、ものをぬすむことさえも平気になって、やがてはどろぼうになってしまうかもしれないということから。

使い方
「食べてない？　うそつきはどろぼうの始まりだよ。本当のことをいいなさい」

▼ **反対の意味の言葉**
うそも方便…うそはよくないが、場合によってはうそをつく必要もあるということ。

◆ **「どろぼう」がつくほかの言葉**
人を見たらどろぼうと思え…他人にはよく用心して、うたがってかかりなさいという教え。

【馬の耳に念仏】 まーぶつ

- 重さ 18kg
- 高さ 110cm
- 強さ ★★★☆☆
- タイプ みみ
- 出現場所 馬のそば
- 武器 念仏

念仏をとなえて回るモンスター。馬は念仏をおとなしく聞いてくれると知ってからは、ずっと馬を相手にしているぞ。でも、馬にとって、念仏はちんぷんかんぷんみたい。

ことわざ 【馬の耳に念仏】

意味
いくら意見や注意をしても、ききめがないことのたとえ。

解説
馬に仏の教えを聞かせても、馬にはそのありがたみがまったくわからないことから。

使い方
「この子たちに『静かにしなさい』といっても、馬の耳に念仏だ」

「静かにしなさーい！」

● 似た意味の言葉

かえるのつらに水…ひどいことをされたり、いわれたりしても平気なようすのたとえ。

◆『馬』がつくほかの言葉

将を射んとほっすればまず馬を射よ…目的を果たすためには、まず周辺のことから取りかかるとうまくいくという教え。

- 重さ　測定できず
- 高さ　測定できず
- 強さ　★★★★☆
- タイプ　なぞ
- 出現場所　人の後ろ
- 武器　不気味さ

こっそりだれかの悪口をいっているとき、せすじがぞわっとしたら、ふりかえってみよう。ヒソヒソがいるかもしれないぞ。悪口が大好きな、かげのようなモンスターだ。

ヒソヒソ
【うわさをすればかげがさす】

〇〇ちゃんがさー〇〇でさ…

ことわざ
【うわさをすればかげがさす】

意味
人のうわさをしていると、思いがけず当の本人があらわれること。また、人のうわさや悪口はほどほどにしなさいといういましめ。

解説
「かげがさす」はかげが見えるということで、うわさをしていた人がすがたをあらわすという意味。「うわさをすればかげ」ともいう。

使い方
「山本先生の悪口をいっていたら、うわさをすればかげがさすで、本人がやってきた」

かみがた全然似合ってな…

◆「うわさ」がつくほかの言葉
人のうわさも七十五日…どんなうわさも、日数がたつにつれて世間から忘れられていく。うわさは長続きしないで、自然と消えていくものだということ。

- 重さ 50g
- 高さ 20cm
- 強さ ★★☆☆☆
- タイプ らっきー
- 出現場所 道路
- 武器 車（たい号）

【えびでたいをつる】エビール

車好きのえびがモンスター化したエビール。愛車のたい号を乗りまわしているぞ。たい号のエネルギーは大好物のえびだから、ガソリンがいらないエコカーなんだって！

急ブレーキに注意！

ことわざ 【えびでたいをつる】

意味 わずかなお金や努力で、大きな得をすることのたとえ。

解説 小さなえびをえさにして、大きくて高級なたいをつることから。「えびたい」ともいう。

使い方 「はがき一枚出しただけで、ゲーム機が当たったよ。まさにえびでたいをつるだ」

◆「たい」がつくほかの言葉

くさってもたい…すぐれたものは、古くなったりじょうたいが悪くなったりしても、それなりのねうちがあるものだというたとえ。たいは「めでたい」といわれるえんぎのいい魚で、くさっていてもねうちがあるとされたことから。

えんのしすたーず

【縁の下の力持ち】

- 重さ　各150kg
- 高さ　各3m
- 強さ　★★★★☆
- タイプ　がっつ
- 出現場所　縁の下
- 武器　きんにく

きたえあげたきんにくのパワーをはっきして、みんなのくらしをささえているモンスター。助けてもらっている人は数知れないが、ほとんど気づかれていないようだぞ。

ことわざ【縁の下の力持ち】

意味
人目につかない所で、世のため人のために力をつくすこと。また、そのような役回りの人。

解説
家をささえる土台となる石は、人目につかない縁の下にあることから。「縁の下」は、日本家屋の縁側（部屋の外側にある板じきのろうか）の下や、床下のこと。

使い方
「山田選手のかつやくのかげには、縁の下の力持ちとして健康をささえる妻がいた」

◆「力」がつくほかの言葉
力こぶを入れる…熱意をこめて取りくむこと。「力を入れる」ともいう。
力を落とす…がっかりしたり、元気をなくしたりすること。

ドロッtea 【お茶をにごす】

- 重さ　430g
- 高さ　12cm
- 強さ　★★★☆☆
- タイプ　どうぐ
- 出現場所　茶室
- 武器　お茶

おもてなしの心にあふれた茶わん型モンスター。出会うとお茶をたててくれるよ。はりきってまっ茶の粉をたくさん入れるので、ドロッteaのいれるお茶はすごく苦いぞ。

慣用句【お茶をにごす】

意味　いいかげんなことをいうなどして、その場をごまかすことのたとえ。

解説　茶道の作法を知らない人が、お茶の席でてきとうにお茶をたてて、その場を取りつくろったことから。

使い方　「買いものにさそわれたけど、お金がなかったからお茶をにごしてことわった」

◆「茶」がつくほかの言葉

お茶の子さいさい…かんたんで、たやすくやってのけられるということ。

へそで茶をわかす…おかしくて笑わずにはいられないこと。また、ばかばかしくて話にならないこと。

なかまかな？ 1

鬼なかま

こわ〜いおにタイプのなかまたち。かわいく見えても、うっかりおこらせないように気をつけてね！

ことわざ
【鬼に金棒】

オニンボ

- 重さ 105kg
- 高さ 188cm
- 武器 金棒（カナンボ）

おにタイプのモンスターの中でも、最強とうわさされるオニンボ。愛棒のカナンボをふるえば、岩もかんたんにくだけるぞ。

意味 もともと強い者が、よいじょうけんや武器を得て、もっと強くなることのたとえ。

解説 強い鬼が金棒を持てば、さらに強くなることが由来。

ことわざ
【鬼のいぬ間に洗たく】

洗たっ鬼ー

- 重さ 68kg
- 高さ 162cm
- 武器 洗たく板

洗たくが大好きなモンスター。洗たっ鬼ーの手にかかると、どんなしつこいよごれでもきれいに洗いおとされてしまうらしいぞ。

意味 こわい人やうるさい人がいない間に、のんびりとすごして息ぬきをすることのたとえ。

解説 「洗たく」は服の洗たくではなく、気晴らしをする「命の洗たく」のこと。

ことわざ
【来年のことをいえば鬼が笑う】

こなまい鬼

- 重さ 22kg
- 高さ 120cm
- 武器 未来予知

未来を予知するとくしゅな能力をもつモンスター。これから失敗する人を見つけだしては、「おばかさん」と見下して笑っているぞ。

意味 明日のこともわからないのに、来年のことをいってもしかたがないということ。

解説 わかるはずのない未来のことを人間がいうと、予知能力のある鬼がせせら笑うということから。

ことわざ
【鬼の首を取ったよう】

オニッポイ

- 重さ 15kg
- 高さ 100cm
- 武器 鬼のお面

鬼なのに、あまり強そうに見えないことをひどく気にしているモンスター。こわい鬼のお面をつけているときだけは、強気になれるらしいぞ。

意味 大きな手がらを立てたと思って、得意になっているようすのたとえ。

解説 本人だけが得意になって、まわりはそれほどとは思っていない場合に使うことが多い。

ことわざ
【わたる世間に鬼はない】

わた鬼

- 重さ 10g
- 高さ 30cm
- 武器 飛行

いつもふわふわういている、気のいいモンスター。オニンボは、わた鬼をたくさん集めて、空飛ぶ乗りものにしているらしいぞ。

意味 世の中には冷たい人ばかりではなく、やさしい親切な人も必ずいるということ。

解説 「わたる」は、この言葉では「くらしていく」という意味。

ことわざ
【鬼の目にもなみだ】

なっ鬼ー

- 重さ 25kg
- 高さ 40cm
- 武器 泣きべそ

心やさしく、なみだもろいモンスター。顔がこわいので、人に会うとにげられてしまい、友だちがいないのがなやみらしいぞ。

意味 どんなにこわい人や冷たい人でも、ときには心が動いてなみだを流すこともあるというたとえ。

解説 人からおそれられている鬼でさえも、なみだを流すこともあるということから。

【帯に短し たすきに長し】

おびんたす

- **重さ** 25g
- **全長** 3m
- **強さ** ★☆☆☆☆
- **タイプ** どうぐ
- **出現場所** あちこち
- **武器** ひも

古いたすきがモンスター化。くつひもが切れたときなどにすっとあらわれて、手持ちのひもをくれるぞ。でも、なぜかちょうどほしいサイズのひもは持っていないんだ。

ことわざ 【帯に短し たすきに長し】

意味
物事がちゅうとはんぱで役に立たないこと。

解説
帯にするには短く、たすきにするには長い布は使い道がないことから。「帯」は着物を着るときにこしにまく布のこと。「たすき」は、着物で働くときにそでなどをまとめておくひものことをいう。

使い方
「この服、わたしにはもう小さいし、妹にはまだ大きい。帯に短したすきに長しね」

◆「長い」がつく言葉

長いものにはまかれろ…権力のある人にはさからわずにしたがうほうが得であるという教え。ここでいう「長いもの」とは、権力者や目上の人のこと。

【おぼれる者はわらをもつかむ】わらーむ

- 重さ　1kg
- 高さ　48cm
- 強さ　★☆☆☆☆
- タイプ　どうぐ
- 出現場所　水辺など
- 武器　わら

わらが集まって生まれたわらーむ。おぼれている人がいれば、がんばって助けようとするやさしいモンスターだ。でも、泳ぎはへたらしいから、当てにしないほうがいいぞ。

ことわざ【おぼれる者はわらをつかむ】

意味
おぼれている人は、一本のわらでさえも必死につかんで助かろうとするという意味。こまりはてている人は、まったくたよりにならないものでもたよってしまうということ。

解説
もとは西洋のことわざ。「わら」は、いねや麦のくきをほして、かんそうさせたもの。

使い方
「兄から『宿題を手伝って』といわれた。おぼれる者はわらをつかむ思いみたい」

◆「つかむ」がつくほかの言葉
雲をつかむよう…はっきりせず、とらえ所がないようすのたとえ。
しっぽをつかむ…悪事やかくしごとのしょうこをつかむこと。

【思い立ったが吉日】 すぐっち

- 重さ　14kg
- 高さ　63cm
- 強さ　★☆☆☆☆
- タイプ　がっつ
- 出現場所　公園
- 武器　ジャンプ

ちょっとあわてんぼうだけど、行動力はばつぐんのモンスター。なにかやりたいことを思いつくと、頭のランプがピカリとひかり、目的に向かって飛びはねていくぞ。

ことわざ 【思い立ったが吉日】

意味
なにかを始めたいと思ったら、気が変わらないうちに行動にうつすのがよいという教え。

解説
なにかしようと思い立った日が、その人にとっては吉日だということから。「吉日」とは、なにかをするのに向いている、えんぎがよいとされる日のこと。「思い立つ日が吉日」ともいう。

使い方
「へやがちらかっているなあ。思い立ったが吉日だ。今すぐそうじしよう」

◆「思う」などがつく言葉

思うこといわねば腹ふくる…思ったことをいわないと、腹にたまるようだというたとえ。

思いをはせる…遠くはなれている物事について、考えたり心をよせたりすること。

ゲコゲッコ
【かえるの子はかえる】

- 重さ　500g
- 高さ　16cm
- 強さ　★☆☆☆☆
- タイプ　どうぶつ
- 出現場所　池など
- 武器　鳴き声

「ほかのかえるとは、ちがうすがたになりたいな」と思ったおたまじゃくしがモンスター化。かえるではないらしいけど、「ゲコゲーコ」と鳴くすがたは、やっぱりかえるに似ている!?

ことわざ【かえるの子はかえる】

意味
子どもは親に似るものだというたとえ。

解説
おたまじゃくしはかえるとまったく似ていないが、成長すると親と同じすがたになることから。自分や身内のことをへりくだっていうときに使う言葉。他人に使うと失礼になる。

使い方
「くつろぐポーズが親子でそっくり。かえるの子はかえるだわ」

● 似た意味の言葉
うりのつるになすびはならぬ…うりのつるにはうりしかできないように、ふつうの子どもはふつうの親には生まれるということ。

▼ 反対の意味の言葉
とんびがたかを生む（→P.58）

【かっぱの川流れ】 ながれっぱ

- 重さ　28kg
- 高さ　125cm
- 強さ　★☆☆☆☆
- タイプ　どうぶつ
- 出現場所　川
- 武器　いねむり

ろくに泳がず、川の流れに身をまかせている、やる気のないモンスター。本人は「本気を出せば、速く泳げるよ」といっているらしいけど、本当かどうかあやしいぞ。

ことわざ【かっぱの川流れ】

意味　どんな名人でも、思わぬ失敗をすることがあるというたとえ。

解説　泳ぎが上手なかっぱも、ときにはおぼれることもあるということから。「川流れ」は川に流されることで、川でおぼれるという意味。

使い方　「シェフをしている父が、朝ごはんのオムレツをこがした。かっぱの川流れだね」

● 似た意味の言葉

弘法にも筆のあやまり（→P.39）、**猿も木から落ちる**（→P.37）
上手の手から水がもれる…名人でも、ときには失敗するということ。ここでいう「上手」とは、物事をたくみに行える人や名人のこと。

ミミ&メアリー

【かべに耳あり 障子に目あり】

- 重さ　非公開
- 高さ　各190cm
- 強さ　★★☆☆☆
- タイプ　みみ／め
- 出現場所　日本家屋
- 武器
  - じごく耳（ミミ）
  - 千里眼（メアリー）

人のひみつをさぐるのが大好きなモンスター。ミミ＆メアリーにかかれば、たいがいのひみつはあばかれてしまうぞ。

 たんすにへそくりしてるわ！
 仕事のふりして遊びに行ってるわ！

えっ!?

ことわざ
【かべに耳あり 障子に目あり】

意味　どこでだれが聞いたり見たりしているかわからないので、ひみつはもれやすいという教え。また、注意しなさいという教え。

解説　だれかがかべに耳を当ててぬすみ聞きしているかもしれないし、障子に穴を開けてのぞき見しているかもしれない、ということから。

使い方　「もっと小さな声で話してよ。かべに耳あり障子に目ありというでしょう？」

お母さんほんとケチ！
声がでかい!!

◆「目」がつくほかの言葉
目が高い…人やもののよしあしを見る能力がすぐれていることのたとえ。
目に入れても痛くない…大変かわいがっているようすのたとえ。

【果報は寝て待て】グッポー

- 重さ　450g
- 高さ　21cm
- 強さ　★★☆☆☆
- タイプ　らっきー
- 出現場所　森
- 武器　くちばし

ふだんは森のおくで一日中寝ているグッポー。幸運の使者ともいわれていて、人前にあらわれるのは「グッポー！」と鳴いて幸運を知らせてくれるときだけらしいぞ。

ことわざ　【果報は寝て待て】

意味　幸運のおとずれは運によるものだから、あせらずに待っていればよいということ。

解説　「果報」は幸せや幸運のこと。

使い方　「心配しなくても、そのうちチャンスが来るよ。果報は寝て待てだ」

● 似た意味の言葉
待てば海路の日和あり…待っていればチャンスはやってくるということ。天気が悪くても、待っていればやがて航海向きのよい天気になることから。

▼ 反対の意味の言葉
まかぬ種は生えぬ…なにもしなければ、結果も出ないというたとえ。

- 重さ　2kg
- 高さ　44cm
- 強さ　★☆☆☆☆
- タイプ　ちえ
- 出現場所　あちこち
- 武器　こうきしん

もじもじ

【聞くは一時のはじ　聞かぬは一生のはじ】

いつも知りたいことで頭がいっぱいのモンスター。はずかしがりやで、自分からは「教えて」といえないみたい。もじもじしながら見つめられたら、しつもんされるサインだ。

聞きたいことあるんだよね　いってごらんよ！
もじもじ

ことわざ

【聞くは一時のはじ　聞かぬは一生のはじ】

意味
知らないことを聞くのははずかしいが、聞かないで知らないままにしておくと、一生はじをかくようになるということ。

解説
「聞くは一時のはじ　聞かぬは末代のはじ」ともいう。

使い方
「聞くは一時のはじ　聞かぬは一生のはじ。思いきって聞いてみよう」

アレに似てる？
うまい！
アレにそっくり！
アレってなんだよ〜？

◆「はじ」がつくほか言葉

旅のはじはかき捨て…旅先では知っている人がいないので、ふだんできないはずかしいことも平気でやってしまうものだということ。

はじの上ぬり…一度はじをかいたうえに、さらにはじをかいてしまうこと。

ギョッフー
【漁夫の利】

- 重さ 65kg
- 高さ 161cm
- 強さ ★★★★☆
- タイプ らっきー
- 出現場所 争いの場
- 武器 悪運

争いの場が大好きなモンスター。ギョッフーが「ギョフフ……」と笑いながらあらわれたら、要注意。争っているすきをついて、ひともうけしてやろうとたくらんでいるぞ。

故事成語【漁夫の利】

意味
人が争っているすきに、ほかの人が苦労もなく利益を得ることのたとえ。

解説
しぎという鳥がはまぐりをくわえたところ、くちばしをはさまれてしまった。おたがいにはなさず争っていると、ぐうぜん通りかかった漁師がまんまと両方ともつかまえた、という中国の話に由来する。「漁夫」は漁師のこと。

使い方
「兄とわたしがおやつを取りあっているすきに、弟が漁夫の利を得て、ぜんぶ食べてしまった」

◆「利」がつくほかの言葉
「百害あって一利なし」…悪いことばかりで、よいことや得することはひとつもないこと。「百害」とは、たくさんの害という意味。

- 重さ　3kg
- 高さ　15cm
- 強さ　★★★★☆
- タイプ　どうぐ
- 出現場所　台所など
- 武器　あくしゅう

食べものが入ったまま放置されていたなべがモンスター化。ふだんはふたをしめてひそんでいるが、ものをそまつにする人を見つけると、ふたを開けてこらしめるぞ。

クササット
【くさいものにふたをする】

慣用句
【くさいものにふたをする】

意味
他人に知られたくない悪い行いや失敗を、その場しのぎの方法でかくすことのたとえ。

解説
くさいものが入っているうつわにふたをすれば、一時的にはにおいがもれなくなることから。ここでいう「くさい」には、いやなにおいのほかに、うたがわしいという意味もある。

使い方
「くさいものにふたをしてごまかしても、問題はかいけつしないよ」

「正直に見せたほうがいいんじゃない？」

◆「ふた」などがつくほかの言葉

身もふたもない…言動がはっきりしすぎて、味わいがないこと。「身」は入れもののことで、ふたもなく、むきだしであるという意味。

ひぶたを切る…戦いや競争を始めること。

ざわわんわ 【口はわざわいの門】

- 重さ　測定できず
- 高さ　1mほど
- 強さ　★★★★★
- タイプ　くち
- 出現場所　あちこち
- 武器　ことだま

口から出た悪口がいっぱい集まって生まれたモンスター。ざわわんわから飛びだす悪口の毒気をあびたら、とても無事ではすまないぞ。見かけたら、すぐににげよう。

あわわわ…

ことわざ【口はわざわいの門】

意味
軽い気持ちでいった言葉が、思いがけない災難をまねくこともある。だから、言葉にはよく気をつけなさいという教え。

解説
「口はわざわいのもと」ともいう。

使い方
「あのひと言がきっかけで、二人は絶交したらしいよ。口はわざわいの門だね」

あんた最低！

◆「口」がつくほかの言葉

開いた口がふさがらない…あきれかえって、ものもいえないようすのたとえ。

人の口に戸は立てられぬ…人がうわさするのをふせぐことはできないというたとえ。

良薬は口に苦し…よくきく薬が苦いように、ためになる助言は聞きづらいことのたとえ。

ケケンエン
［犬猿の仲］

- 重さ　23kg
- 高さ　45cm
- 強さ　★★★☆☆
- タイプ　どうぶつ
- 出現場所　争いの場
- 武器　つめ

犬と猿の体がひとつになったモンスター。特に頭同士や、しっぽ同士の仲が悪く、いつも争っているぞ。人がけんかしているとあらわれて、そばでけんかを始めるんだ。

ことわざ【犬猿の仲】

意味　仲が悪いことのたとえ。

解説　犬と猿は仲がよくないとされていることから。「犬と猿」ともいう。

使い方　「あの二人は犬猿の仲だから、すぐにけんかが始まるんだ」

● 似た意味の言葉
水と油…性格や性質が合わないことのたとえ。水と油はまざりあわないことから。

◆「犬（いぬ）」がつく言葉
犬の遠ぼえ…おくびょうな人が、かげで悪口をいったり、いばったりすることのたとえ。

かい犬に手をかまれる…世話をしてあげていた相手にうらぎられることのたとえ。

【後悔先に立たず】

アチャー

- 重さ　5kg
- 高さ　45cm
- 強さ　★★★☆☆
- タイプ　ちえ
- 出現場所　あちこち
- 武器　武術

「あのとき、ああしておけば……」と後悔する気持ちが集まって生まれたモンスター。行き場のない気持ちを発散させるために始めた武術に、すっかりむちゅうらしいぞ。

つ…強い

ことわざ 【後悔先に立たず】

意味
してしまった後であれこれくやんでみても、どうにもならない。物事を始める前によく考えるべきだという教え。

解説
物事を始める前は、悪い結果になって自分が後悔するのを知ることができないことから。

使い方
「初戦で負けてしまった。もっと練習すればよかったよ。後悔先に立たずだ」

練習不足だ…

◆似た意味の言葉
後の祭り…何事もタイミングをのがすと、役に立たないというたとえ。手おくれ。

◆【先】がつくほかの言葉
一寸先はやみ…先のことはわからないというたとえ。「一寸」は約三センチメートル。

- 重さ　350g
- 高さ　32cm
- 強さ　★★☆☆☆
- タイプ　どうぐ
- 出現場所　書道教室
- 武器　落書き

【弘法にも筆のあやまり】

ふでこうぼう

弘法大師が使っていたといわれる筆がモンスター化。使うと上手に字を書けるとあって、書道の時間は引っぱりだこ。でも、意外と漢字をまちがったりするらしいぞ。

ことわざ【弘法にも筆のあやまり】

意味
名人であっても、ときには失敗することもあるというたとえ。

解説
書道の名人である弘法大師でさえも、字をまちがえることもあるということから。弘法大師とは、平安時代の僧、空海のこと。

使い方
「先生ほどの方が失敗するなんて……。弘法にも筆のあやまりですね」

● 似た意味の言葉
かっぱの川流れ、上手の手から水がもれる（→P.28）、猿も木から落ちる（→P.39）

◆「筆」がつくほかの言葉
弘法筆をえらばず…名人は道具のよしあしに左右されず、すぐれた仕事をするということ。

ナンポッポ 【五十歩百歩】

- 重さ　各340g
- 長さ　各28cm
- 強さ　★★☆☆☆
- タイプ　どうぐ
- 出現場所　砂浜など
- 武器　くつのにおい

古いくつがモンスター化。足あとを数えるのが大好きで、人についてまわっては1歩ずつ数えているぞ。ときどき自分の足あとも数えてしまって、こんらんしているようだ。

故事成語【五十歩百歩】

意味　あるていどの差はあるが、あまり大きなちがいがないこと。似たりよったり。

解説　戦場で五十歩にげた兵士が、百歩にげた兵士を笑ったことから。

使い方　「どっちが上手か？……五十歩百歩だなあ」

似た意味の言葉

- どんぐりの背くらべ（→P.60）
- 目くそ鼻くそを笑う…自分の欠点には気づかず、他人の欠点をあざ笑うたとえ。

◆「百」がつく言葉

かわいさ余ってにくさ百倍…かわいいと思っていた人がにくくなると、かわいく思っていただけに、にくしみがはげしくなること。

【猿も木から落ちる】

さるっきー

- 重さ　13kg
- 高さ　50cm
- 強さ　★★☆☆☆
- タイプ　どうぶつ
- 出現場所　森など
- 武器　木登り

お調子者の猿がモンスター化。人を見つけると得意の木登りを見せようとするけど、うっかりして木から落ちることもあるよ。そんなときは、八つ当たりされないように気をつけよう。

ことわざ【猿も木から落ちる】

意味　その道の達人や名人でも、ときには失敗をすることもあるというたとえ。

解説　木登りが得意な猿でさえも、たまには木から落ちることから。

使い方　「計算名人の小池君が、かんたんな足し算をまちがえた。猿も木から落ちるだね」

- 似た意味の言葉
  かっぱの川流れ、上手の手から水がもれる（→P.37）、弘法にも筆のあやまり

◆「木」がつくほかの言葉
木で鼻をくくる…そっけない対応のたとえ。
木を見て森を見ず…細かい部分に気をとられて、全体を見ていないことのたとえ。

【三人寄れば文殊の知恵】

さんもんちん

- 重さ　38kg
- 高さ　83cm
- 強さ　★★☆☆☆
- タイプ　ちえ
- 出現場所　お寺など
- 武器　相談

3びきが集まって知恵をよせているうちに、一体化して、さんもんちんになったぞ。相談すれば、よい知恵を出してくれるはず。ただ、意見がまとまるまで3年はかかるんだって！

なるほど……　それならば……　すなわち……

あ、もうけっこうです…

ことわざ 【三人寄れば文殊の知恵】

意味　ふつうの人でも三人集まって相談すれば、文殊のようによい考えが出てくるものだというたとえ。

解説　「文殊」は、仏教で知恵をつかさどる文殊菩薩のこと。

使い方　「三人寄れば文殊の知恵というし、あの二人に相談に乗ってもらおう」

たよりなさそうだけど…

◆「三」がつくほかの言葉

三度目の正直…一度目や二度目は当てにならなくても、三度目にはうまくいくということ。

二度あることは三度ある…同じようなことが二度起これば、続いてもう一度起こることが多い。物事はくりかえすということ。

【知らぬが仏】 ほっとけ〜

- 重さ　測定できず
- 高さ　70cm ほど
- 強さ　★★★☆☆
- タイプ　みみ
- 出現場所　あちこち
- 武器　とりつき

人にとりつく、やっかいなモンスター。とりつかれると「めんどうなことは知りたくないや」という気持ちになって、どんなことにも知らんぷりしたくなってしまうぞ。

ことわざ【知らぬが仏】

意味
知ってしまうとおこったりなやんだりすることもあるが、知らなければ心配もなく、仏のようにおだやかな気持ちでいられるというたとえ。

解説
なにも知らないでのんきにかまえている人を見下して使う場合もある。

使い方
「おばけが出るといううわさがあるんだけど、知らぬが仏というし、教えないでおこう」

◆「仏」がつくほかの言葉

仏つくって魂入れず…いちばんかんじんなものがぬけおちていることのたとえ。

仏の顔も三度…どんなに心の広い人でも、何度もひどいことをされれば、ついにはおこりだすというたとえ。

なかまかな？ 2

しりなかま

プリッと仲よし、しりあい同士のモンスター。しりタイプのなかまたちのこと、教えるね！

ことわざ
【頭かくしてしりかくさず】
シリダシ 🍑

- 重さ　14kg
- 高さ　52cm
- 武器　しりおどり

顔をかくそうとつぼをかぶったら、ぬけなくなってしまったモンスター。「顔がかくれるから、いいや」と、あまり気にしていないようだぞ。つぼの顔は、友だちがかいてくれたんだって！

意味　悪い行いや欠点の一部だけをかくして、ぜんぶをかくしたつもりでいること。

解説　鳥のきじが頭だけを草むらにつっこんで、尾が丸見えなのにかくれたつもりでいるようすから。

慣用句
【しりに火がつく】
シリボー 🍑

- 重さ　8kg
- 高さ　25cm
- 武器　しりの火

人があせっているときに、とつぜん、どこからかあらわれるモンスター。特に悪意はないようだけど、しりから火をふくのがやっかいだ。

意味　物事が差しせまって、のんびりしてはいられないじょうたいになることのたとえ。

解説　しりに火がついたら、熱くてとてもじっとしてはいられないことから。

慣用句

【しり馬に乗る】

シリンマー ◎

- 重さ　100kg
- 高さ　110cm
- 武器　しり

みわく的なおしりを持つモンスター。シリンマーに乗ると、あまりに乗り心地がよいので、いつまでもおりたくなくなってしまうらしいから要注意。

意味　はっきりした自分の考えを持たないで、ほかの人の意見や行動についていくたとえ。

解説　人が乗っている馬の後ろ（しり）に乗ることから。軽はずみな便乗をとがめる意味で使う。

慣用句

【しりをたたく】

しりっぺん ◎

- 重さ　22kg
- 高さ　122cm
- 武器　しりたたき棒

だらだらしている人のところにあらわれて、しりたたき棒で気合いを入れてくれるモンスター。シャキッとしないと、ぺんぺんされてしまうぞ。

意味　早くするようにせかしたり、いっしょうけんめい取りくむようにはげましたり、気合いを入れたりすることのたとえ。

解説　相手のしりをたたいてなにかをさせることから。よく似た言葉に、後ろからけしかけることをいう「しりをおす」がある。

スキルンルン 【好きこそものの上手なれ】

- 重さ　750g
- 高さ　35cm
- 強さ　★☆☆☆☆
- タイプ　がっつ
- 出現場所　あちこち
- 武器　せんす

なにかに熱中している人の所にあらわれて、熱くおうえんしてくれるモンスター。熱中するあまり、スキルンルンのおうえんに気づかなくても、いつまでもおうえんしてくれるぞ。

ことわざ 【好きこそものの上手なれ】

意味
好きなことは熱心にやるので、上達するのが早いということ。

解説
習いごとなどは、好きになると関心が高くなり、よく集中できたり、やる時間も長くなったりするので、上達しやすいことから。

使い方
「習いはじめて半年で、かなり上達したね。好きこそものの上手なれだ」

▼反対の意味の言葉
下手の横好き…下手なのに、好きで熱心なこと。「下手の物好き」ともいう。

◆「好き」がつくほかの言葉
たで食う虫も好き好き…人の好みはいろいろだというたとえ。「たで」はからくて苦い草。

多船頭【おおせんどう】

船頭多くして船山に登る

- 重さ　測定できず
- 全長　7m
- 強さ　★★☆☆☆
- タイプ　どうぐ
- 出現場所　あちこち
- 武器　とつぜん出現

目的地にたどりつけなかった船と船員がモンスター化。山を登ったり街を見てまわったりして、あちこちさまよっているぞ。目的地がどこなのか、忘れてしまったのかも!?

ことわざ【船頭多くして船山に登る】

意味
指図する人が多いと話がまとまらず、物事がとんでもない方向に進んでしまうということ。

解説
「船頭」は船長のこと。ひとつの船に船長が何人もいたら、行き先がまとまらず、船が山に登るようなことになりかねないということから。

使い方
「意見が出るばかりで、話がちっともまとまらないね。船頭多くして船山に登るだ」

◆「船」がつくほかの言葉
大船に乗ったよう…大きな船に乗っているように、安心しきったようすのこと。
わたりに船…川をわたろうとしたらちょうど船が来たというように、なにかしようとしたときに、都合のよいことが起こるたとえ。

45

- 重さ 69kg
- 高さ 178cm
- 強さ ★★★☆☆
- タイプ がっつ
- 出現場所 どこでも
- 武器 神速移動

【善は急げ】

善マッハ

よいことをしようと、いつもいそがしく動きまわっているヒーローのようなモンスター。あまりにもすばやいので、そのすがたをはっきり目にすることはむずかしいぞ。

ことわざ【善は急げ】

意味
よいと思うことは、ためらわずにすぐ実行しなさいという教え。

解説
よいことはすぐ実行しないと、ほかのことに気を取られてしまい、やらずに終わりかねないことから。また、思いついたときに実行しないと、チャンスをのがしかねないことから。

使い方
「きんにくをつけたい？ 善は急げだ、今日からトレーニングを始めよう！」

● 似た意味の言葉
▶ 先んずれば人を制す (→P.13)

● 反対の意味の言葉
▶ 急がば回れ、せいてはことをしそんじる (→P.13)

そでーん
【そでふりあうも多生の縁】

- 重さ　1kg
- 高さ　150cm
- 強さ　★★☆☆☆
- タイプ　どうぐ
- 出現場所　道ばた
- 武器　縁結び

古い着物がモンスター化。長いそでを使って人の注意をひいて、出会いをえんしゅつしているらしいぞ。歩いているとき、なにかがひらりとさわったら、そでーんかも!?

ことわざ【そでふりあうも多生の縁】

意味
道ですれちがった人とそでがふれあうようなちょっとしためぐりあわせであるということ。人との縁は大切にしなさいという教え。

解説
「多生（他生）」は仏教の言葉で、何度も生まれ変わること。「縁」は関わりのこと。

使い方
「落としものをひろったのがきっかけでけっこんしたなんて、そでふりあうも多生の縁だね」

◆「そで」がつくほかの言葉
ないそではふれない…なんとかしたくても、力がなくてどうしようもないことのたとえ。

◆「縁」がつくほかの言葉
縁もゆかりもない…なんの関係もないこと。

ゴロチュウ 【大山鳴動してねずみ一匹】

- 重さ　30g
- 高さ　10cm
- 強さ　★★☆☆☆
- タイプ　どうぶつ
- 出現場所　あちこち
- 武器　まぼろし

とつぜん、大きな山があらわれたら……、あわてず耳をすませてみよう。「ゴロゴロチュ〜」と鳴き声がしたら、その実体は小さなねずみのモンスター、ゴロチュウだ。

ことわざ 【大山鳴動してねずみ一匹】

意味
大さわぎしたわりには結果がささいでつまらないことのたとえ。

解説
大きな山が音を立てて動いたので、ふん火するのかと大さわぎしたが、結局ねずみが一匹出てきただけだったということから。古代ローマの詩人、ホラティウスの言葉をもとにした西洋のことわざ。

使い方
「どろぼうかと思って大さわぎしたけど、大山鳴動してねずみ一匹。よっぱらった父だった」

◆「大（だい）」がつく言葉
大は小をかねる……大きなものは小さなものの役目も果たせるので、便利であること。

ヘビノアシ 【蛇足】

- 重さ 7kg
- 全長 160cm
- 強さ ★☆☆☆☆
- タイプ どうぶつ
- 出現場所 野原
- 武器 スキップ

足がないことをばかにされた蛇がモンスター化。足ができたら、ふつうの蛇だったころよりも動きはだいぶおそくなってしまったが、ヘビノアシは大満足のようだぞ。

「おれ、かっこよすぎない?」
「うーん…」
「……」

故事成語 【蛇足】

意味
あっても役に立たないむだなもの。また、わざわざよけいなものをつけたすこと。

解説
昔、中国で地面に蛇の絵を早くかく競争をした。最初にかきあげた人が得意になって足までかいたら、次にかきあげた人が「蛇に足はない」といって競争に勝ったことから。

使い方
「姉の話の、最後のひと言は蛇足だった」

◆「蛇〔へび・じゃ〕」がつく言葉
蛇ににらまれたかえる…こわいものを前にして、体がすくんで動けないようすのたとえ。
蛇の道は蛇…同類のことは、同じなかまならすぐにわかるというたとえ。

「金賞すごいじゃなーい!!」
「まあ わたしのほうがうまかったけど…」
「ボソ…」

ペラ イタ

【立て板に水】

- 重さ 3kg
- 高さ 75cm
- 強さ ★★☆☆☆
- タイプ どうぐ
- 出現場所 街頭
- 武器 おしゃべり

ずっと放置されていた、さびしがりやの板がモンスター化。話せるようになったよろこびになみだを流しながら、今日もペラペラ話しているぞ。でも、話の中身はうすいようだ。

早く終わらないかな…

慣用句【立て板に水】

意味
すらすらとよどみなく、上手にしゃべるようすのたとえ。また、物事がとどこおらずに、なめらかに進むこと。

解説
よどみのないようすが、まるで立てかけた板に水を流すようだということから。

使い方
「クラスの代表に選ばれただけあって、田中さんのスピーチはまるで立て板に水だ」

テーマ バナナは遠足のおやつにふくまれるか？

そもそもバナナは持ちはこびしやすく、栄養バランスも…

へー
ほー

◆「板」がつくほかの言葉
板につく…動きや仕事などが、その人にぴったり似合っていること。

◆「水」がつくほかの言葉
水をさす…よけいなことをして、うまくいっていたことをじゃますること。

【たなからぼたもち】 ぼったん

- 重さ　360g
- 高さ　15cm
- 強さ　★☆☆☆☆
- タイプ　らっきー
- 出現場所　たな
- 武器　べたべた

気まぐれにたなにあらわれるぼったん。見つけたら、なにかよいことが起こる前ぶれらしいぞ。たなを開けるときは、ぼったんが落っこちないように気をつけて、そっと開けよう。

ことわざ 【たなからぼたもち】

意味　なにもしないのに、思いがけない幸運がやってくることのたとえ。

解説　たなからぼたもちが落ちてきて、ちょうど開いていた口の中に入るような、よい思いをするということから。

使い方　「お客様が来られなくなって、用意していたケーキがぼくらのものに。たなからぼたもちだ」

◆「もち」がつくほかの言葉

絵にかいたもち…見た目はよいが、じっさいの役には立たないもののたとえ。

もちはもち屋…何事も、その道の専門家にまかせるのがよいということ。

ちりの山
【ちりも積もれば山となる】

- 重さ　　　常に変動
- 高さ　　　常に変動
- 強さ　　　★★★★☆
- タイプ　　なぞ
- 出現場所　どひょう
- 武器　　　はり手

空中をただよう、ちりが集まってできるモンスター。大きくなったり小さくなったりして、つかみ所がないから敵に回すと手ごわいぞ。でも、強風には弱いらしい。

ことわざ【ちりも積もれば山となる】

意味
小さなものでも、積みかさねていけば山のように大きなものになるというたとえ。

解説
「ちり」はほこりや細かいごみのことだが、ここでは「ほんのわずかなもの」という意味。

使い方
「一日一円だけでも、ちょきんばこに入れよう。ちりも積もれば山となるだ」

- **似た意味の言葉**
  雨だれ石をうがつ
- ◆「山」がつくほかの言葉（→P.9）
  「後は野となれ山となれ」…当面うまくいけば、後はどうなってもかまわないということ。
  「かれ木も山のにぎわい」…つまらないものでも、ないよりはましだというたとえ。

【月とすっぽん】 つきぽん

- 重さ　6kg
- 高さ　40cm
- 強さ　★★★☆☆
- タイプ　どうぶつ
- 出現場所　水辺
- 武器　こうら

満月にあこがれて、根気強くこうらをみがきつづけたすっぽんがモンスター化。かがやくこうらが大のじまんだ。かみつかれたら、こうらをほめるまではなれてくれないぞ。

わっ なんかくっついてる!!

おれのこうらどう？どう？

ことわざ 【月とすっぽん】

意味
二つのものが、くらべものにならないほど大きくちがうことのたとえ。

解説
月とすっぽんはどちらも丸くて、形だけ見れば似ているが、夜空にかがやく月と、どろの中にいるすっぽんでは差がありすぎることから。

使い方
「同じテーマで絵をかいたけど、木村君のとぼくのとでは、出来が月とすっぽんだ」

やばい！

うまい！

● 似た意味の言葉
　雲泥の差…空の雲と地上のどろの差のように、大きくかけはなれていることのたとえ。

◆「月」がつくほかの言葉
　月夜にちょうちん…明るい月夜にちょうちんをともすように、むだであることのたとえ。

- 重さ　測定できず
- 高さ　150cmほど
- 強さ　★★★★☆
- タイプ　おかね
- 出現場所　部屋
- 武器　時計

なまけ者の所にあらわれるモンスター。時計を見せて、「時間をむだにしてますよ」と、ささやいてくるぞ。アドバイスしてくれるのはいいけど、見た目がこわいのがこまりもの。

ガネナリ
【時は金なり】

ことわざ【時は金なり】

意味
時間はお金と同じように大切なものだから、むだにしてはいけないという教え。

解説
もとは西洋のことわざで、英語ではTime is moneyという。

使い方
「県大会に行くためには、練習時間がいくらあっても足りないよ。時は金なりだ」

◆「金」がつくほかの言葉

金の切れ目が縁の切れ目…お金で結ばれた人間関係は、お金がなくなれば切れてしまうということ。

じごくのさたも金次第…この世はお金の力でどうにでもなるというたとえ。じごくのさばきもお金があれば有利になるとされることから。

- 重さ　50kg
- 高さ　常に変動
- 強さ　★★☆☆☆
- タイプ　なぞ
- 出現場所　あちこち
- 武器　変身

すがたが定まらないモンスター。しばらく動かないでいると形が固まってくるようだが、歩きだすと、また、ぐちゃぐちゃになるみたい。旅がしゅみらしいから大変だね。

【所変われば品変わる】

しながわーる
【所変われば品変わる】

ことわざ 【所変われば品変わる】

意味　場所が変われば、言葉やしゅうかんなども変わるということ。また、同じものでも、場所によってよび方などがちがうこともあるということ。

解説　「所変われば水変わる」ともいう。

使い方　「香川県のおぞうにには、おもちにあんこが入っているんだって。所変われば品変わるだね」

あまいの？
しょっぱいの？

◆「所」がつくほかの言葉

かゆい所に手がとどく…細かい所まで世話がゆきとどいていることのたとえ。

非の打ち所がない…欠点がまったくないこと。「非」はきずや欠点、「打つ」はしるしをつけるという意味。

シバグルメェ
【となりのしばふは青い】

- 重さ　35kg
- 高さ　100cm
- 強さ　★★☆☆☆
- タイプ　はっぱ
- 出現場所　しばふ
- 武器　グルメ

しばが大好きなモンスター。青あおとしておいしいしばを求めて、各地をめぐっているぞ。どこのしばを食べても、「もっと青いしばがあるかも」と満足できないようだ。

ことわざ【となりのしばふは青い】

意味
他人のものはなんでもよく見えるものだというたとえ。

解説
となりの家のしばふのほうが、自分の家のしばふよりも青あおとしてきれいに見えるということから。もとは西洋のことわざ。

使い方
「姉のラーメンのほうがおいしそうに見えるのは、気のせいかな。となりのしばふは青いっていうもんね」

◆「青」がつくほかの言葉

青は藍より出でて藍より青し…教え子が、教えた先生よりもすぐれた人になるたとえ。青色の染料は藍という草からできるが、原料の藍の色よりもずっと青いことから。

56

- 重さ　14kg
- 高さ　60cm
- 強さ　★★☆☆☆
- タイプ　おかね
- 出現場所　野山
- 武器　変わり身

たぬたす

【取らぬたぬきの皮算用】

金もうけが大好きなたぬきがモンスター化。おしゃれ好きな人たちに向けて、たぬきの皮スーツを開発して売りだしたぞ。大ヒットして、大もうけする日も近いかも!?

「…そうか？」
「よくお似合いですよ〜！」

ことわざ【取らぬたぬきの皮算用】

意味
まだ手に入れていないものを当てにして、あれこれと計画することのたとえ。

解説
たぬきをつかまえもしないうちから、たぬきの皮をいくらで売ってもうけようかと計算したことから。「算用」は計算する、見積もりを立てるという意味。

使い方
「父は『このたからくじが当たったら、車を買うぞ！』と、取らぬたぬきの皮算用をしている」

◆「たぬき」がつくほかの言葉
たぬき寝入り…寝たふりをすること。たぬきがぜっしたようすが、人をだますために寝たふりをしているように見えることから。

57

鳥 なかま

モンスターたちの個性もとりどり、とりタイプ。みりょくたっぷり、思わずうっとり!?

ことわざ【とんびがたかを生む】
とん美ー 👌

- 重さ　15kg
- 高さ　160cm
- 武器　羽

やけに美しく生まれたとんびがモンスター化。その美しさで、鳥たちのしせんをくぎづけにしているぞ。

意味 ふつうの親からすぐれた子どもが生まれることのたとえ。

解説 とんび（とび）とたかは同じタカ科の鳥で、すがたも似ているが、たかのほうがやや大きく、えものをとるのがうまい。「とびがたかを生む」ともいう。

ことわざ【つるの一声】
つるーる 👌

- 重さ　14kg
- 高さ　175cm
- 武器　声

つるーるの声には、だれもさからえない。そのすごい力をみだりに使わないように、ふだんは無口ですごしているらしい。

意味 大人数で話しあってもなかなか決まらなかったことが、力のある人のひと言でいっきに決まることのたとえ。

解説 つるの鳴き声は高くて、遠くまでよくひびきわたることから。「すずめの千声つるの一声」ともいう。

なかまかな？
3

ことわざ
【 かもがねぎをしょってくる 】

カモジェット

- 重さ　2kg
- 高さ　58cm
- 武器　ねぎジェット

かもなべにされそうになってにげたかもが、ねぎ型ジェットエンジンを手に入れてパワーアップ！ 今日も空を飛んでいるぞ。

意味 よいことが重なって、自分にとってますます都合のよいじょうたいになること。

解説 もし鳥のかもがねぎをしょってやってきてくれたら、かもなべの材料がそろって大変都合がよいことから。「かもねぎ」ともいう。

ことわざ
【 立つ鳥あとをにごさず 】

トリクリーン

- 重さ　1kg
- 高さ　32cm
- 武器　モップ

きれい好きな鳥がモンスター化。そうじが得意で、トリクリーンが去った後は、どこもピカピカになっているぞ。

意味 自分がいた場所を去るときには、めいわくをかけないように、後始末をしてから去りなさいという教え。また、引きぎわが美しいことのたとえ。

解説 水鳥は水面をどろでにごさずに飛びたつとされていることから。

ことわざ
【 能あるたかはつめをかくす 】

タカネイル

- 重さ　4kg
- 高さ　65cm
- 武器　くちばし

おしゃれ好きのたかが、ネイルアートに目ざめたぞ。今ではえものもつかまえず、つめの手入れに熱中しているようだ。

意味 実力のある人は、その実力をむやみに見せびらかしたりしないというたとえ。

解説 えものをとるのがうまいたかは、ふだんはするどいつめをかくしていることから。「能」とは能力のこと。

どどんぐり

【どんぐりの背くらべ】

- 重さ　10kg
- 高さ　182cm
- 強さ　★★☆☆☆
- タイプ　はっぱ
- 出現場所　森など
- 武器　ころがり

ふつうのどんぐりたちが集まって、1ぴきのどんぐりモンスターに大変身！でも、巨大になっただけで、新しい能力が身についたり、力が強くなったりしてはいないようだ。

ことわざ【どんぐりの背くらべ】

意味　どれも同じくらいで、ほかよりも特にすぐれた者がいないことのたとえ。

解説　どんぐりをひろってくらべてみても、どれも同じような形や大きさをしていることから。

使い方　「この試合、だれが勝つと思う？」「みんな、どんぐりの背くらべだから、わからないよ」

◆似た意味の言葉
五十歩百歩、目くそ鼻くそを笑う

◆「背(せ)」がつく言葉
背に腹はかえられぬ…大事なことのためには、ほかのことはぎせいにしてもしかたがないというたとえ。
(→P.38)

ヒナブン
【飛んで火に入る夏の虫】

- 重さ　20g
- 高さ　4cm
- 強さ　★★★☆☆
- タイプ　どうぶつ
- 出現場所　どこでも
- 武器　火

火が大好きな虫がモンスター化。もえさかるほのおを出しながら、空を飛びまわっているぞ。どこでもおかまいなしに飛んでくるから、見つけたら火事に気をつけよう。

ことわざ【飛んで火に入る夏の虫】

意味
自分からわざわざあぶない目にあうことのたとえ。

解説
夏の夜、火の明るさに集まってくる虫が、火に飛びこんで焼け死んでしまうことから。

使い方
「このわたしと対戦したいとは、飛んで火に入る夏の虫だ。こてんぱんにしてあげよう」

◆「飛ぶ」などがつく言葉

飛ぶ鳥を落とす勢い…飛んでいる鳥さえも地面に落とすほど、勢いがあることのたとえ。

清水の舞台から飛びおりる…「清水」は京都にある清水寺のことで、がけの上にはりだした舞台がある。その舞台から飛びおりるくらい、思いきって行動することのたとえ。

【めそめそはっち】

[泣きっつらにはち]

- 重さ 8g
- 高さ 4cm
- 強さ ★★★★☆
- タイプ どうぶつ
- 出現場所 泣き顔
- 武器 どくばり

大変な泣き虫で、かまわれたがりなモンスター。人が泣いているのを見つけると、ライバルとみなして、泣きながらどくばりでさしてくるぞ。おちおち泣くこともできないね！

ことわざ 【泣きっつらにはち】

意味
悪いことが起こっているときに、別の悪いことが重なって起こることのたとえ。

解説
つらくて泣いている顔を、さらにはちにさされることから。悪いことが続いているうちに、別の悪いことが起こった場合に使う。

使い方
「たんすに足をぶつけたうえに、上からものが落ちて頭に当たった。泣きっつらにはちだ」

● 似た意味の言葉
弱り目にたたり目

◆ 「泣く」がつく言葉
泣く子と地頭には勝てぬ…聞きわけのない子どもや権力者といい争ってもむだだというたとえ。「地頭」は鎌倉時代の役人のこと。(→P.82)

【情けは人のためならず】

ココロン

- 重さ　11kg
- 高さ　85cm
- 強さ　★★★★☆
- タイプ　ちえ
- 出現場所　あちこち
- 武器　愛のステッキ

思いやりの心がつまったステッキで、こまっている人を助けてくれるモンスター。お礼をいうと、「自分のためにしていることでちゅ」などと答えて去っていくぞ。

ことわざ【情けは人のためならず】

意味
人に親切にすれば、めぐりめぐって自分のためにもなる。だから人には親切にしなさいという教え。

解説
「情け」は思いやりのこと。このことわざは、「情けをかけてあまやかすと、その人のためにならない」というまちがった使い方をする人が多いので注意。

使い方
「こまっていたら、昔、世話をした人が助けてくれたんだ。情けは人のためならずだね」

◆「情け」がつくほかの言葉
旅は道連れ世は情け…いっしょに旅をする人がいると心強いものだ。旅と同じように、世の中もおたがいに思いやりをもって助けあうことが大切だということ。

【七転び八起き】ころりんぱ

- 重さ　250g
- 高さ　20cm
- 強さ　★☆☆☆☆
- タイプ　がっつ
- 出現場所　あちこち
- 武器　がんばり

モンスターたちの中でも、とりわけガッツのあるころりんぱ。何回転んでも、くじけずにぱっと起きあがるぞ。そんなすがたを見て、はげまされている人も多いらしいんだ。

ことわざ【七転び八起き】

意味
失敗をくりかえしても、くじけずにがんばること。また、人生は成功したり失敗したりのうきしずみが多いというたとえ。

解説
七回転んでも、八回起きあがるということから。「七転八起」ともいう。

使い方
「人生は七転び八起き。いいことも悪いこともあるさ。めげずにがんばろうよ」

◆「七」がつくほかの言葉

なくて七くせ…くせがないように見える人でも、さがせばいくつかくせはあるものだということ。ここでいう「七」は、いくつかという意味。「なくて七くせ有って四十八くせ」ともいう。この場合、「四十八」は多いという意味。

- 重さ 3kg
- 高さ 50cm
- 強さ ★★★☆☆
- タイプ どうぶつ
- 出現場所 つりぼり
- 武器 つられたふり

ドロンギョ
【にがした魚は大きい】

つりぼりでくらすうちに、人をからかう快感に目ざめたモンスター。つられたように見せかけては、えさだけ食べてにげて、つり人がくやしがるようすを見ながらよろこんでいるぞ。

ことわざ 【にがした魚は大きい】

意味 もう少しで手に入りそうだったのにだめになってしまったものは、実物よりもすばらしかったように思えるというたとえ。

解説 つれそうだったのににげられてしまった魚は、おしかったという気持ちから、小さい魚だったとしても大きかったように思えることから。

使い方 「目の前で売りきれてしまった服。にがした魚は大きい！ますますほしくなってきた」

◆「魚（うお）」がつく言葉

魚心あれば水心…相手が好意をしめしてくれれば、こちらもこたえる用意があること。

水を得た魚…その人に合った場所で、いきいきとかつやくするようすのたとえ。

- 重さ　62kg
- 高さ　155cm
- 強さ　★★★☆☆
- タイプ　どうぶつ
- 出現場所　野山
- 武器　のびるうで

よくばりなおおかみがモンスター化。2ひきのえものを同時に追いかけられるように、うでが2m以上ものびたぞ。でも、長いうでが体にからまって、結局つかまえられないんだって。

ウサオート
【二兎を追う者は一兎をも得ず】

ことわざ
【二兎を追う者は一兎をも得ず】

意味
同時に二つのことをしようとよくばると、どちらもうまくいかないといういましめ。

解説
二ひきのうさぎを同時に追いかけても、結局は一ぴきもつかまえられないことから。

使い方
「サッカー選手とバレリーナを目指す？　二兎を追う者は一兎をも得ずということになるよ」

● 似た意味の言葉
あぶはち取らず…よくばると、結局はなにも得られないといういましめ。

◆「二」がつくほかの言葉
一も二もなく…とやかくいうこともなく、すぐさま、という意味。

【ぬかにくぎ】

- 重さ 10g
- 高さ 8cm
- 強さ ★☆☆☆☆
- タイプ どうぐ
- 出現場所 台所
- 武器 ぬかのにおい

「うまいぬかづけを広めたい！」と思ったくぎがモンスター化。ぬかどこにもぐりこみ、いい味になるように、じんわりあせを出しているぞ。やめろといわれても聞かない、がんこなやつ。

ことわざ 【ぬかにくぎ】

意味
いくら意見をいっても、手ごたえやききめがまったくないことのたとえ。

解説
やわらかいぬかにくぎを打っても、なんの手ごたえもないことから。「ぬか」とは米や麦をみがいたときに出るもの。ぬかに塩や水などをまぜてつくった「ぬかどこ」に野菜をつけると、ぬかづけというつけものができる。

使い方
「兄に『早く起きて』といっても、ぬかにくぎだ」

● **似た意味の言葉**
とうふにかすがい…手ごたえがないことのたとえ。「かすがい」はコの字形のくぎのこと。
のれんにうでおし…力を入れても手ごたえのないたとえ。「のれん」は店先などにたらす布。

なかまかな？ 4

ねこなかま

いつでもどこでも、にゃんともお気楽！ねこタイプのなかまたちをしょうかいしよう。

慣用句【ねこのひたい】
ねこでこ

- 重さ　9kg
- 高さ　58cm
- 武器　頭つき

おでこがせまいことをあまりにも気にしていたら、とてつもなくおでこが広がってしまったんだって。今はもとにもどす方法をさがしているらしいぞ。

意味 土地や庭など、場所がせまいことのたとえ。

解説 ねこのひたいがせまいことから。「ひたい」はおでこのこと。「うちの庭は、ねこのひたいほどの広さしかない」のように使う。

ことわざ【ねこに小判】
ねこねこばんばん

- 重さ　11kg
- 高さ　62cm
- 武器　小判

音楽が大好きだけど、お金の価値はよく知らないモンスター。ぐうぜん見つけた小判を使って、すてきな楽器をつくったぞ。

意味 どんなにねうちのあるものでも、もののよしあしがわからない人にはなんの役にも立たないことのたとえ。

解説 ねこに小判をあげても、ありがたがらないことから。「小判」は江戸時代の金貨の一種。

ことわざ 【ねこの手も借りたい】
たすけんにゃー

- 重さ　　**10kg**
- 高さ　　**65cm**
- 武器　　**ねこパンチ**

悪いやつがいるとあらわれて、必殺ねこパンチをおみまいするモンスター。でも、強くはないから期待しないでおこう。

意味　大変いそがしくて、だれでもいいから手伝ってほしいようすのたとえ。

解説　役に立ちそうもない、ねこの手ですら借りたいほどいそがしいということから。「だれでもいい」という意味があるため、手伝いをたのむときに使うと相手に失礼になる。

ことわざ 【ねこにかつおぶし】
ネコバンク

- 重さ　　**17kg**
- 高さ　　**90cm**
- 武器　　**計算機**

モンスター化したねこが、銀行を始めたぞ。かつおぶしを1本あずけたら、2倍にして返してくれるらしいが、あやしいぞ！

意味　安心できないことのたとえ。また、あやまちが起こりやすいじょうたいにすることのたとえ。

解説　ねこのそばに大好物のかつおぶしをおいたら、すぐに食べられてしまいそうだということから。

【寝耳に水】 ネミズー

- 重さ 160g
- 高さ 15cm
- 強さ ★★☆☆☆
- タイプ みみ
- 出現場所 天井など
- 武器 水でっぽう

いたずら好きのねずみがモンスター化。寝ている人の耳に水を入れてびっくりさせようと、水でっぽうでねらっているぞ。でも、いつも失敗して、命中させられないんだって！

朝
「ねあせ…？」
「まくらもぬれてるし…」
「くやし〜っ」

慣用句【寝耳に水】

意味
思いがけないことがとつぜん起こって、おどろくことのたとえ。

解説
寝ているときに耳に水を入れられて、あるいは水の音が聞こえて、おどろくことから。

使い方
「母のとつぜんの歌手デビューは、家族にとって寝耳に水だった」

似た意味の言葉
- やぶから棒（→P.87）青天のへきれき…とつぜん大事件が起こるたとえ。「へきれき」はかみなりのこと。

◆「耳」がつくほかの言葉
耳にたこができる…何度も同じ話を聞かされて、うんざりすることのたとえ。

「キラ☆キラ☆ママパワー」
二児の母 歌手デビュー
「ママすごーい」

【念には念を入れる】
ねんねん

- 重さ　測定できず
- 高さ　80cmほど
- 強さ　★★★☆☆
- タイプ　ちえ
- 出現場所　あちこち
- 武器　念

注意力が足りない人の所にあらわれて、「念には念を入れよ」としかってくれるモンスター。きびしくもやさしいねんねんは、バシバッシー（→P.12）のおししょうさまだ。

ことわざ【念には念を入れる】

意味
よく注意したうえで、さらに注意する、失敗しないようにじゅうぶんに気をつける、ということ。

解説
この場合の「念」は、注意深くするという意味。「念には念」、「念の上にも念」、「念には念を入れよ」など、さまざまない回しがある。

使い方
「念には念を入れてテストを見直したら、名前を書きわすれていた」

● 似た意味の言葉
石橋をたたいてわたる、転ばぬ先のつえ（→P.12）

▼ 反対の意味の言葉
当たってくだけろ（→P.12）

- 重さ 450g
- 高さ 30cm
- 強さ ★☆☆☆☆
- タイプ どうぐ
- 出現場所 カフェ
- 武器 ど忘れ

イタリアからやって来たモンスター。忘れっぽくて、自分がどこから来たのか覚えていないぞ。正式な名前は「ノード・アチーノ・ドワスレー」だが、もう忘れてしまったようだ。

ドワスレー
【のどもと過ぎれば熱さを忘れる】

エ〜ワタシノナマエ、シュッシンチ、トシハ〜…
ガターン
ドワスレシマシタ！

ことわざ
【のどもと過ぎれば熱さを忘れる】

意味
苦しいことも、終わってしまえばすぐに忘れてしまうものだというたとえ。また、苦しいときに親切にしてもらっても、楽になるとすっかり忘れてしまうというたとえ。

解説
熱いものでも、飲みこんでのどを通りすぎてしまえば、熱さを忘れてしまうことから。

使い方
「しかられたばかりなのに、のどもと過ぎれば熱さを忘れるで、姉はまた部屋をちらかしている」

3日後—
こりないな〜

◆「熱い」がつく言葉
鉄は熱いうちに打て…人はわかくすなおなうちにきたえることが大切だ、または、物事は手おくれにならないうちに行えという教え。

【花より団子】美団子

- 重さ　80g
- 高さ　20cm
- 強さ　★☆☆☆☆
- タイプ　たべもの
- 出現場所　花見の場
- 武器　美ぼう

ただ食べられるだけの花見団子が、「桜よりも美しくなってやろう」とがんばるうちにモンスター化。おいしさと美しさをかねそなえた、団子モンスターのたんじょうだ。

ことわざ【花より団子】

意味
目や心で楽しむことよりも、じっさいに役に立つものを大切にすることのたとえ。

解説
花見に行っても、美しい桜を見るよりも団子を食べるほうをよろこぶことから。

使い方
「しょうじょうをもらうより、賞金がほしいなあ。花より団子だよ」

◆「花」がつくほかの言葉

いわぬが花…なんでも話すより、だまっておくほうが品があるということ。また、よけいなことはいわないほうがよいということ。

両手に花…美しい花を両手に持つように、よいものを同時に二つ手に入れることのたとえ。男性が二人の女性といるときにも使う。

【ことわざ】

【早起きは三文の得】

- 重さ 各4g
- 高さ 各3cm
- 強さ ★☆☆☆☆
- タイプ おかね
- 出現場所 早朝の街
- 武器 元気

スリーモンズ

早起きすれば会えるかもしれないモンスター。朝から元気に話しかけてくるけど、3びきが同時にバラバラな内容を話すので、なにをいっているのかはよくわからないぞ。

よーし！あさからはやおきはると、きぶんもいいね！おはよー

な、な、なんてなんて？

意味
朝早く起きるとなにかとよいことがあり、健康にもよいということ。

解説
「文」は昔のお金の単位。ここでいう「三文」はごくわずかであるという意味だが、たとえわずかでも得るものがあるということ。「朝起きは三文の得」ともいう。

使い方
「早起きすると、電車がすいているからすわって本が読めるんだ。早起きは三文の得だよ」

朝から感動しちゃった

目がはれてる…

◆「得」がつくほかの言葉
損して得取れ…一時的には損になるとしても、後で大きな利益を得られるように考えなさいという教え。

74

- 重さ　1kg
- 高さ　50cmほど
- 強さ　★★★★☆
- タイプ　どうぐ
- 出現場所　台所
- 武器　火

いためものをしようとするとあらわれるモンスター。「強火と油がおいしさの決め手！」といって、勝手に料理しちゃうんだ。しゅみは料理の動画をアップすることなんだって！

【火に油を注ぐ】油注火（ユーチュービー）

慣用句【火に油を注ぐ】

意味
勢いがあるものを、さらに勢いづけることのたとえ。

解説
火に油を注ぐと、火の勢いがはげしくなることから。悪い結果になりそうなときに使う。

使い方
「そんなあやまり方では、火に油を注ぐようなものだよ」

◆[火]がつくほかの言葉

顔から火が出る…はずかしくて、顔が真っ赤になるようすのたとえ。

つめに火をともす…きょくたんに切りつめて生活することのたとえ。ろうそくのかわりに、つめに火をつけて明かりにするということから。けちなことのたとえにも使う。

モモクモク

【火のない所に煙は立たない】

- 重さ　常に変動
- 高さ　常に変動
- 強さ　★★★★☆
- タイプ　なぞ
- 出現場所　人の後ろ
- 武器　ものまね

人の後ろにあらわれて、まねっこしてくるモンスター。悪いことをしているときに、まねをされたら、さあ大変！　うわさになってしまうこと、まちがいなしだ。

ことわざ
【火のない所に煙は立たない】

意味　原因がなければ、うわさが立つこともない。うわさになるからには、なにか原因になる事実があるはずだということのたとえ。

解説　火がなければ煙が立ちのぼることもないから。もとは西洋のことわざ。

使い方　「火のない所に煙は立たないというし、うわさの二人はつきあっていると思うな」

◆「煙（けむ）」がつく言葉
煙にまく…大げさなことをいったり、相手が知らないことを一方的にまくしたてたりして、相手をとまどわせること。相手を煙の中にまきこんで、どうしたらいいのかわからなくさせるということから。

【ひょうたんからこまが出る】

ひょうたんま

- **重さ** 100g
- **高さ** 20cm
- **強さ** ★★★★☆
- **タイプ** どうぐ
- **出現場所** 古道具屋
- **武器** 取りこむ

古いひょうたんがモンスター化。自分より大きなものを出し入れできるようになったぞ。馬を入れておくのが好きなようだけど、人間もねらうらしいから気をつけて！

ことわざ 【ひょうたんからこまが出る】

意味
思いがけないことが起こること。また、じょうだんが本当になること。

解説
ひょうたんの小さな口から馬が出るのは、ありえないことから。「ひょうたんからこま」ともいう。「こま」は馬のこと。「ひょうたん」はウリ科の植物で、実を入れものとして使う。

使い方
「いいかげんにつくった歌が、まさかの大ヒット。ひょうたんからこまが出た」

似た意味の言葉
うそから出たまこと…うそやじょうだんのつもりでいったことが、ぐうぜん本当に起こってしまうこと。「まこと」は本当という意味。

【負けるが勝ち】
まけるっち

- 重さ　7kg
- 高さ　53cm
- 強さ　★☆☆☆☆
- タイプ　ちえ
- 出現場所　運動場
- 武器　白旗

勝負をして負けるのが大好きなモンスター。「負けると相手がよろこんで、いろいろいいことがあるから」なんだって。負けっぷりの見事さでは、だれにも負けない!?

ことわざ 【負けるが勝ち】

意味
無理に争うよりも、場合によっては相手に勝ちをゆずったほうが、長い目で見れば自分にとってよい結果になるということ。

解説
無用な争いをさけるために使われる言葉。

使い方
「妹はおさないから、ジャンケンに負けると、きっと大泣きするぞ。ここは負けるが勝ちだ」

- 似た意味の言葉
  三十六計にげるにしかず…うまくいきそうにないときは、にげるのが最良の手ということ。

- ◆「勝」がつくほかの言葉
  勝ってかぶとの緒をしめよ…成功したからといって安心せず、気を引きしめよという教え。

- 重さ 24kg
- 高さ 164cm
- 強さ ★★★★★
- タイプ どうぐ
- 出現場所 かんおけ
- 武器 ほうたい

エジプトからやってきたモンスター。ふだんはかんおけの中でねむっているぞ。うかつにミイラトラーのかんおけを開けると、ミイラにされてしまうから気をつけよう。

【ミイラ取りがミイラになる】

……起こしたな！
ひぃっ

ことわざ 【ミイラ取りがミイラになる】

意味
人をさがしに行った人が、行ったまま帰ってこなくなること。また、人を説得しようとした人が反対に相手に説得されてしまい、意見を変えること。

解説
ミイラをさがしに行った人がとちゅうで死んでしまって、ついには自分がミイラになってしまったことから。「ミイラ」とは死体をかんそうさせて、くさらないようにしたもの。

使い方
「公園まで弟をむかえに行った父。ミイラ取りがミイラになったようで、帰ってこない」

公園であそんじゃった
はぁ～？
1時間後
お父さんたちまだかな！
心配ね…

【道草を食う】 よってくさ〜

- 重さ　575g
- 高さ　58cm
- 強さ　★☆☆☆☆
- タイプ　はっぱ
- 出現場所　道ばた
- 武器　ゆうわく

道ばたの草から生まれたモンスター。そばを通りかかった人に「遊ぼう」といって、さそってくるぞ。うっかりさそいに乗ると、楽しくてあっという間に3日はたってしまうんだって！

慣用句【道草を食う】

意味　なにかをしているとちゅうで、ほかのことに時間を使うこと。また、本来の目的以外のことをして時間をむだにすること。

解説　馬が道ばたの草を食べるために立ちどまって、なかなか前に進まないことから。

使い方　「帰るとちゅうで友だちにさそわれて、道草を食っちゃった」

◆「道」がつくほかの言葉

千里の道も一歩から…千里ある長い道のりも、まずは一歩ふみだすことから始まる。どんなに大きな計画も、身近なことをひとつひとつ実行していくことから始まるというたとえ。

みつじい
【三つ子のたましい百まで】

- 重さ　測定できず
- 高さ　40cmほど
- 強さ　★☆☆☆☆
- タイプ　なぞ
- 出現場所　遊園地
- 武器　あまえる

おとしよりたちの「子どものころのように遊びたいな」という気持ちが集まって、みつじいになったぞ。見た目はおじいちゃんだけど、心は子どもで、あまえんぼうなんだ。

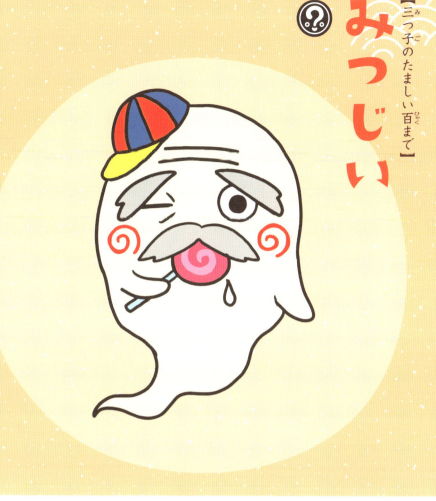

ことわざ【三つ子のたましい百まで】

意味
おさないころの性格は、年をとっても変わらないものだというたとえ。

解説
「三つ子」は三歳の子どものことで、「おさない子」という意味。「たましい」は性格のこと。

使い方
「三つ子のたましい百まで、父は小さいころからきちょうめんだったらしい」

● 似た意味の言葉
すずめ百までおどり忘れず…おさないころに身についたよくないことは、年をとっても直らないというたとえ。

◆「たましい」がつくほかの言葉
一寸の虫にも五分のたましい…どんなに小さく弱い者にも、意地はあるというたとえ。

ことわざ
【弱り目にたたり目】
たたる目 👁

- 重さ　測定できず
- 高さ　135cm ほど
- 武器　目

わざわいをもたらすモンスター。左の「弱り目」は体を弱らせ、右の「たたり目」はたたりにあわせるらしいぞ。

意味　不運の上に不運が重なること。

解説　「弱り目」は弱っているときやこまっているとき、「たたり目」は神や仏が起こすわざわいにあうときのこと。

ことわざ
【目は口ほどにものをいう】
目〜る 👁

- 重さ　18kg
- 高さ　130cm
- 武器　目でうったえる

口を開くより先に、目がしゃべってしまうモンスター。考えたことをだまっておけなくて、大変らしいぞ。

意味　目にも表情があり、なにもいわなくても目の表情で気持ちは伝わるというたとえ。また、口ではごまかしても、目を見れば真意がわかってしまうということ。

解説　目は人の気持ちをよくあらわすものであることから。

なかまかな？ 5

目なかま

目をつけられちゃう、目立っちゃう!?
"め"タイプのなかまたちから、目がはなせない!

82

ことわざ 【目の上のたんこぶ】
目んこぶ 👁

- 重さ　333g
- 高さ　25cm
- 武器　頭つき

頭つきが大好きなモンスター。大人になるにつれて、たんこぶがどんどん大きくなってしまうんだって。

意味　自分よりも実力や地位が上で、なにかとじゃまな人のたとえ。

解説　目の上にたんこぶができると、とても目ざわりなことから。

ことわざ 【目くじらを立てる】
めくじらー 👁

- 重さ　750g
- 高さ　30cm
- 武器　目つき

いじわるな気持ちが集まって生まれたモンスター。取りつかれると、人の言動にいちいち文句をつけたくなるぞ。

意味　ささいなことをうるさくとがめること。

解説　「目くじら」は目じりのことで、目じりをつりあげる動きからできた言葉。

ことわざ 【目からうろこが落ちる】
目ろこ 👁

- 重さ　150g
- 高さ　12cm
- 武器　うろこしゅりけん

うろこをポロポロ落としている、金魚のモンスター。目から落としているのは、コンタクトレンズらしいぞ。

意味　なにかをきっかけにまわりがよく見えるようになったり、まよいがさめたりすることのたとえ。

解説　目が見えなくなった人の目からうろこのようなものが落ちて、もとどおり見えるようになったという聖書の話から。

ことわざ 【二階から目薬】
めぐっち 👁

- 重さ　80g
- 高さ　10cm
- 武器　泣きべそ

目薬をさすのがきらいなモンスター。さすのを少しでも先にのばしたいと思ったら、うでがのびてしまったんだって。

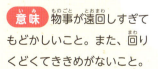

意味　物事が遠回しすぎてもどかしいこと。また、回りくどくてききめがないこと。

解説　二階から一階の人に目薬をさそうとしても、遠すぎて目に入らないことから。「天井から目薬」ともいう。

【ももくり三年かき八年】

ももくりん

- 重さ　150kg
- 高さ　2m
- 強さ　★★★☆☆
- タイプ　はっぱ
- 出現場所　農園
- 武器　いがぐり

「ももの木に、くりもなればいいのに」という声を聞いたももの木が、一大決心。8年かけて、ももとくりはもちろん、かきまで実っちゃうおどろきの木に変身したぞ。

ことわざ【ももくり三年かき八年】

意味
何事もよい結果が出るまでには、それなりの時間がかかるものだということのたとえ。

解説
芽を出してから実がなるまで、ももやくりはおよそ三年、かきは八年ほどもかかることから。

使い方
「ももくり三年かき八年。何年も研究を続けて、ついに新薬を開発したぞ」

◆「くり」がつくほかの言葉
火中のくりをひろう…他人のためにきけんをおかすことのたとえ。猿におだてられたねこが、焼けたくりをひろってやけどしたうえに、くりも猿に取られてしまったという西洋の物語「猿とねこ」に由来する。

ゼニウセール
【安物買いの銭失い】

- 重さ　測定できず
- 高さ　150cmほど
- 強さ　★★★☆☆
- タイプ　おかね
- 出現場所　安売り店
- 武器　そそのかす

「安いものを買いたい」という気持ちがたくさん集まって生まれたゼニウセール。とりつかれると、安いものを求めて、店から店へと何か月もさまようことになるぞ。

ことわざ 【安物買いの銭失い】

意味
ねだんが安いからというだけでものを買うと、品質が悪かったり、すぐにこわれてしまったりする。買いかえたり、しゅうりしたりすることになって、結局は損をするというたとえ。

解説
「銭」はお金のこと。

使い方
「このクッキー、安かったんだけど、まずくてだれも食べないんだ。安物買いの銭失いだったよ」

似た意味の言葉
安かろう悪かろう…ねだんが安ければ、それなりに品質も悪いだろうという意味。

◆「銭」がつくほかの言葉
身銭を切る…自分のお金でしはらうこと。自分がお金を出して当然の場合は使わない言葉。

【やなぎの下にいつもどじょうはいない】
やなぎでまっこ

- 重さ 70kg
- 高さ 2m
- 強さ ★★★☆☆
- タイプ はっぱ
- 出現場所 川原
- 武器 根気

川原のやなぎが、一度だけ見かけたどじょうを忘れられず、モンスター化。「もう一度会えたら、ぜったい告白するわ！」と決めているみたいだけど、さてどうなることやら。

ことわざ
【やなぎの下にいつもどじょうはいない】

意味
たまたま一度うまくいったからといって、同じ手で何度もうまくはいかないということ。

解説
一度、やなぎの木の下の川でどじょうをつかまえたからといって、いつもそこでどじょうがとれるわけではないことから。「やなぎの下のどじょう」ともいう。

使い方
「一等が出た売り場で、人だかりが……。やなぎの下にいつもどじょうはいないのにね」

◆「やなぎ」がつくほかの言葉
やなぎに風…強い者にさからわず、上手に受けながすこと、強い言葉を正面から受けとめず、上手によけることのたとえ。

【やぶから棒】ヤブボー

- 重さ　5kg
- 高さ　80cm
- 強さ　★★☆☆☆
- タイプ　はっぱ
- 出現場所　公園
- 武器　木の棒

公園などのやぶの中にひそんでいる、はっぱタイプのモンスター。人が通りかかると、いきなり棒をつきだしておどかしてくるぞ。おどろいて転ばないように気をつけよう。

慣用句【やぶから棒】

意味
思ってもみないことが、とつぜん起こることのたとえ。また、前ぶれもなくいきなり始めることのたとえ。予想外の行動のこと。

解説
やぶの中から急に棒をつきだして、通りかかる人をおどかしたことが由来。「やぶから棒をつきだす」の略。

使い方
「ダンサーになるって？　お父さんたら、やぶから棒になにをいいだすの？」

「明日からニューヨークにダンス留学するよ」

似た意味の言葉
寝耳に水、青天のへきれき（→P.70）

◆「やぶ」がつくほかの言葉
やぶをつついて蛇を出す…よけいなことをした結果、災難をまねくことのたとえ。

- 重さ　850g
- 高さ　45cm
- 強さ　★★☆☆☆
- タイプ　どうぐ
- 出現場所　部屋
- 武器　よびよせる

【類は友をよぶ】ルイルイ

持ち主に遊んでもらえなくなった人形がモンスター化。さびしい人形たちをよんで、いっしょに遊んでいるぞ。さがしても見つからない人形は、ルイルイによばれたのかも!?

「ぼくたちと行こう…」
「……」

ことわざ 【類は友をよぶ】

意味
気の合う人や性質の似ている人、同じしゅみをもつ人同士は、自然に集まってなかまになるものだということ。

解説
「類」とは似た者同士や同類のこと。「類は友」、「類をもって集まる」、「類をもって友とす」ともいう。

使い方
「類は友をよぶで、虫好きの弟の友だちは、みんな虫が大好きだ」

「ぼくも！」
「ぼくのも調べて」
「コクワガタじゃない？」

◆「友」がつくほかの言葉
竹馬の友…おさななじみのこと。竹馬（竹馬）に乗って遊んだ、おさないころからの友だちということから。

88

- 重さ 820g
- 高さ 46cm
- 強さ ★★★☆☆
- タイプ どうぐ
- 出現場所 げんば
- 武器 すいり

ロンリーしょうこ
【論よりしょうこ】

とある事件の、しょうこひんのカメラがモンスター化。「もっとしょうこがなければ、事件はかいけつしないわ」といって、ひとりでこどくに事件を調べているぞ。

ことわざ 【論よりしょうこ】

意味
物事をはっきりさせるためには、あれこれと議論するよりも、しょうこをしめしたほうがよいということ。

解説
「論」は考えをいいあう議論のこと。「しょうこ」は真実を明らかにするためのより所となるもの。

使い方
「ぼくが一位だったって信じられない？ 論よりしょうこだ。この記事を見てよ」

似た意味の言葉
百聞は一見にしかず…人の話を百回聞くよりも、一度自分の目で見てたしかめるほうがよくわかるということ。「しかず」はおよばないという意味。

- 重さ 5kg
- 高さ 32cm
- 強さ ★★☆☆☆
- タイプ おかね
- 出現場所 しょさい
- 武器 えんぴつ

わかめろう
【わかいときの苦労は買ってもせよ】

年老いたかめが「自伝を書きたい」と願ううちにモンスター化。「かめばかむほど苦労はうまい」という作品を書きあげたぞ。でも、出版のめどはついていないんだって。

ことわざ
【わかいときの苦労は買ってもせよ】

意味 わかいときに苦労しておくと、その体験はいずれ必ず役に立つ。だから、自分から買いもとめてでも苦労したほうがよいという教え。

解説 「わかいときの苦労は買ってでもせよ」「わかいときの辛労は買ってこせよ」ともいう。

使い方 「今はつらくても、後で役に立つよ。わかいときの苦労は買ってもせよというものよ」

●似た意味の言葉
かわいい子には旅をさせよ…子どもがかわいいならば、あまやかさずに、親元からはなして苦労させなさい、そのほうが子どもはりっぱに成長するという教え。

ミツネエ

【わが身をつねって人の痛さを知れ】

- 重さ　ひみつ
- 高さ　130cmほど
- 強さ　★★☆☆☆
- タイプ　ちえ
- 出現場所　あちこち
- 武器　愛のつねり

まわりの人をきずつけている人の所にあらわれては、自分のほっぺをつねってみせるモンスター。体をはって痛みをしめしてくれるなんて、いいやつに決まってるよね！

← せんたくバサミ

人の痛みを知れー！！つねってみろよー！
ごめんなさい
シャーッ

ことわざ 【わが身をつねって人の痛さを知れ】

意味　他人の苦しみを自分の苦しみとして、思いやりなさいという教え。また、自分がされたくないことは人にもしてはいけないという教え。

解説　自分の体をつねって痛ければ、人がつねられたときの痛みがわかるようになることから。

使い方　「やめなよ。わが身をつねって人の痛さを知れで、自分がされたらって考えてごらん」

◆「痛（いた）」などがつく言葉

耳が痛い…人から自分の弱点をつかれて、聞くのがつらいということ。

痛しかゆし…二つのうちのどちらを取っても具合が悪く、どうしようかまようこと。

コラー!!

ワハッピー

【笑う門には福来たる】

- 重さ　200kg
- 高さ　3m
- 強さ　★★★★☆
- タイプ　らっきー
- 出現場所　笑いの場
- 武器　笑い声

明るい笑い声が大好きで、自分もいつもワハハと笑っているモンスター。空元気でもいいから毎日笑っていると、そのうち、ワハッピーがやってきて、福をさずけてくれるかも……!?

笑いがあれば、みんながハッピー♪
ワハハハハハ…
バーーン

ことわざ【笑う門には福来たる】

意味　いつも笑いがたえない家には、どこからともなく幸運がやってくるものだということ。また、つらいときでもほがらかにしていれば、幸せがやってくるということ。

解説　「門」は家や家族のことをいう。

使い方　「暗い顔はやめて笑おうよ。笑う門には福来たるっていうじゃないか」

笑顔で送ろう…
シク
シク
ポチ…
今はまだ無理だよね…
ニァ…

◆「福」がつくほかの言葉

残りものには福がある…人が取った後に残ったものには、思いがけなくよいものがあるということ。

わざわいを転じて福となす…災難にあっても、よい結果になるように取りはからうこと。

さくいん

この本でしょうかいしている、ことわざ・故事成語・慣用句を五十音順にのせているよ。

あ
- 開いた口がふさがらない … 34
- 青は藍より出でて藍より青し … 35
- 朝起きは三文の得 … 56
- 明日は明日の風がふく … 74
- 当たってくだけろ … 8
- 頭かくしてしりかくさず … 42
- 後の祭り … 36
- 後は野となれ山となれ … 52
- あぶはち取らず … 66
- 雨だれ石をうがつ … 9
- 雨ふって地固まる … 9
- 案ずるより産むが易し … 10
- いうは易く行うは難し … 9
- 石の上にも三年 … 11
- 石橋をたたいてわたる … 12
- 急がば回れ … 13
- 痛しかゆし … 91
- 板につく … 50
- 一難去ってまた一難 … 14
- 一難去ればまた一難 … 14
- 一難去ればまた一難来る … 14
- 一も二もなく … 66
- 一を聞いて十を知る … 15
- 一寸先はやみ … 36
- 一寸の虫にも五分のたましい … 81
- 犬と猿 … 35
- 犬の遠ぼえ … 35

う
- 犬も歩けば棒に当たる … 2
- いわぬが花 … 73
- 魚心あれば水心 … 65
- 雨後のたけのこ … 9
- うそから出たまこと … 77
- うそも方便 … 16
- 馬の耳に念仏 … 16
- うりのつるになすびはならぬ … 17
- うわさをすればかげがさす … 27
- 雲泥の差 … 18

え
- 絵にかいたもち … 18
- えびたい … 53
- えびでたいをつる … 51
- 縁もゆかりもない … 19
- 縁の下の力持ち … 19
- 縁は異なもの … 20

お
- 大船に乗ったよう … 47
- お茶の子さいさい … 45
- お茶をにごす … 21
- 鬼に金棒 … 21
- 鬼の首を取ったよう … 22
- 鬼の目にもなみだ … 22
- 鬼のいぬ間に洗たく … 22
- 帯に短したすきに長し … 23
- おぼれる者はわらをもつかむ … 23
- 思い立つが吉日 … 24
- 思い立ったが吉日 … 25
- 思い立つ日が吉日 … 26

か
- 思い立つ日が吉日 … 26
- 思いをはせる … 26
- 思うこといわねば腹ふくる … 26
- かい犬に手をかまれる … 35
- かえるの子はかえる … 27
- かえるのつらに水 … 17
- 顔から火が出る … 75
- 風がふけばおけ屋がもうかる … 8
- 火中のくりをひろう … 84
- 勝ってかぶとの緒をしめよ … 78
- かっぱの川流れ … 28
- 金のきれ目が縁のきれ目 … 54
- かべに耳あり障子に目あり … 29
- 果報は寝て待て … 30
- かもがねぎをしょってくる … 59
- かもねぎ … 59
- かゆい所に手がとどく … 55
- かれ木も山のにぎわい … 52
- かわいい子には旅をさせよ … 90
- かわいさ余ってにくさ百倍 … 38
- 聞くは一時のはじ … 31
- 聞くは一時のはじ聞かぬは一生のはじ … 31
- 聞かぬは一生のはじ … 31
- 聞かぬは末代のはじ … 39
- 木で鼻をくくる … 32
- 漁夫の利 … 61
- 清水の舞台から飛びおりる …

く
- 木を見て森を見ず … 39
- くさいものにふたをする … 33
- くさってもたい … 19
- 口はわざわいの門 … 34
- 口はわざわいのもと … 34
- 雲をつかむよう … 25

け
- 煙にまく … 76
- 犬猿の仲 … 35

こ
- 後悔先に立たず … 36
- 弘法にも筆のあやまり … 37
- 弘法筆をえらばず … 37
- 五十歩百歩 … 38
- 転ばぬ先のつえ … 12

さ
- 先んずれば人を制す … 13
- 猿も木から落ちる … 39
- 三十六計にげるにしかず … 78
- 三度目の正直 … 40
- 三人寄れば文殊の知恵 … 40

し
- じごくのさたも金次第 … 54
- 七転八起 … 64
- しっぽをつかむ … 25
- 蛇の道は蛇 … 49
- 上手の手から水がもれる … 28
- 将を射んとほっすればまず馬を射よ … 17
- 知らぬが仏 … 43
- しり馬に乗る … 43
- しりをおり … 42
- しりに火がつく … 43
- しりをたたく … 43

す
- 好きこそものの上手なれ … 44
- すずめの千声つるの一声 … 58
- すずめ百までおどり忘れず … 81

せ
- せいてはことをしそんじる … 13
- 青天のへきれき … 70
- 背に腹はかえられぬ … 60
- 船頭多くして船山に登る … 45
- 前門のとら後門のおおかみ … 46
- 千里の道も一歩から … 14
- 善は急げ … 80

そ
- そでふりあうも多生の縁 … 47
- 損して得取れ … 74

た
- 大山鳴動してねずみ一匹 … 48
- 大は小をかねる … 48
- 他山の石 … 11
- 蛇足 … 49
- 立つ鳥あとをにごさず … 59
- 立て板に水 … 50
- たで食う虫も好き好き … 44
- たなからぼたもち … 51
- たぬき寝入り … 57

ち
- 旅のはじはかき捨て … 31
- 旅は道連れ世は情け … 63
- Time is money … 54
- 力を入れる … 20
- 力を落とす … 20
- 力こぶを入れる … 20
- 竹馬の友 … 88
- ちりも積もれば山となる … 52

つ
- 月とすっぽん … 53
- 月夜にちょうちん … 53
- つめに火をともす … 75
- つるの一声 … 58

て
- 鉄は熱いうちに打て … 72
- 天井から目薬 … 83

と
- とうふにかすがい … 67
- 時は金なり … 54
- 所変われば品変わる … 55
- 所変われば水変わる … 55
- となりのしばふは青い … 56
- とびがたかを生む … 58
- 飛ぶ鳥を落とす勢い … 61
- どんぐりの背くらべ … 60
- 取らぬたぬきの皮算用 … 57
- とんびがたかを生む … 58

な
- ないそではふれない … 58
- 長いものにはまかれろ … 47
- 泣きっつらにはち … 24
- 泣く子と地頭には勝てぬ … 62
- なくて七くせ … 62
- なくて七くせ有って四十八くせ … 62
- 情けは人のためならず … 64

に
- にがした魚は大きい … 65
- 二階から目薬 … 83
- 二度あることは三度ある … 40
- 七転び八起き … 64
- 二兎を追う者は一兎をも得ず … 66

ぬ
- ぬかにくぎ … 8

ね
- ねこにかつおぶし … 77
- ねこに小判 … 77
- ねこの手も借りたい … 89
- ねこのひたい … 32
- ねこには水 … 33
- 寝耳に水 … 76
- 念には念 … 55
- 念には念を入れよ … 75
- 念には念を入れる … 16
- 念の上にも念 … 34
- 能あるたかはつめをかくす … 18
- 残りものには福がある … 74
- のどもと過ぎれば熱さを忘れる … 73

の
- のれんにうでおし … 31

は
- はじの上ぬり … 67
- 花より団子 … 72
- 早起きは三文の得 … 92
- 人のうわさも七十五日 … 59
- 人の口に戸は立てられぬ … 71
- 人を見たらどろぼうと思え … 71
- 火のない所に煙は立たない … 71
- 非の打ち所がない … 71
- 火に油を注ぐ … 70
- 火を見たらどろぼうと思え … 68
- ひぶたを切る … 69
- 百聞は一見にしかず … 68
- 百害あって一利なし … 69
- 百聞は一見にしかず … 67

ふ
- 風雲急を告げる … 67
- ひょうたんからこまが出る … 89
- ひょうたんは一見にしかず … 77
- 風雲急を告げる … 77

へ
- へそで茶をわかす … 21
- 下手の物好き … 44
- 下手の横好き … 44
- 蛇ににらまれたかえる … 49

ほ
- 仏つくってたましい入れず … 41
- 仏の顔も三度 … 41

ま
- まかぬ種は生えぬ … 30
- 負けるが勝ち … 78
- 待てば海路の日和あり … 30

み
- ミイラ取りがミイラになる … 79
- 水と油 … 35
- 水を得た魚 … 65
- 水をさす … 50
- 身銭を切る … 85
- 道草を食う … 80
- 三つ子のたましい百まで … 81
- 身もふたもない … 91

め
- 耳が痛い … 70
- 耳にたこができる … 33
- 目がない … 29
- 目が高い … 83
- 目からうろこが落ちる … 15
- 目から入って鼻へ出る … 15
- 目から鼻にぬける … 83
- 目から鼻へぬける … 38
- 目くじらを立てる … 83
- 目くそ鼻くそを笑う … 29
- 目に入れても痛くない … 82
- 目の上のたんこぶ … 83
- 目は口ほどにものをいう … 82

も
- もちはもち屋 … 51

や
- ももくり三年かき八年 … 84
- 焼け石に水 … 11
- 安かろう悪かろう … 85
- 安物買いの銭失い … 85
- やなぎに風 … 86
- やなぎの下にいつも
- どじょうはいない … 86
- やなぎの下のどじょう … 86
- やぶから棒 … 87
- やぶをつついて蛇を出す … 87

よ
- 弱り目にたたり目 … 82
- 来年のことをいえば鬼が笑う … 23

ら
- 両手に花 … 73

り
- 良薬は口に苦し … 34

る
- 類は友 … 88
- 類は友をよぶ … 88
- 類をもって集まる … 88
- 類をもって友とす … 88

ろ
- 論よりしょうこ … 89

わ
- わかいときの苦労は買ってでもせよ … 90
- わかいときの苦労は買ってもせよ … 90
- わかいときの辛労は買ってもせよ … 90
- わが身をつねって人の痛さを知れ … 91
- わざわいを転じて福となす … 92
- わたりに船 … 45
- わたる世間に鬼はない … 23
- 笑う門には福来たる … 92

95

編著　WILLこども知育研究所

幼児・児童向けの知育教材・書籍の企画・開発・編集を行う。2002年よりアフガニスタン難民の教育支援活動に参加、2011年3月11日の東日本大震災後は、被災保育所の支援活動を継続的に行っている。主な編著に「せんそうってなんだったの？ 第二期」シリーズ（学研プラス）、『1ねんせいの せいかつ えじてん』、『おもいやりの絵本』、「やさしくわかるびょうきのえほん」シリーズ（いずれも金の星社）など。

絵　村田桃香

北海道出身。株式会社京田クリエーションのイラストレーター、デザイナーとして活躍。挿画を担当した作品に「怪談オウマガドキ学園」シリーズ（童心社）、「すすめ！ キケンせいぶつ」シリーズ（学研プラス）、「ふしぎパティシエールみるか」シリーズ（あかね書房）、『ようかいびっくりハウス』（大日本図書）などがある。妖怪や想像上の生物などを独自の視点で描く。

楽しくおぼえちゃおう！
ことわざモンスター図鑑

編著／WILLこども知育研究所
絵／村田桃香
初版発行／2018年2月

発行所／株式会社 金の星社
　　　　〒111-0056　東京都台東区小島1-4-3
　　　　電　話 03-3861-1861（代表）
　　　　FAX 03-3861-1507
　　　　振　替 00100-0-64678
　　　　ホームページ http://www.kinnohoshi.co.jp
印刷・製本／図書印刷株式会社

Published by KIN-NO-HOSHI SHA. Tokyo. Japan.
乱丁落丁本は、ご面倒ですが、小社販売部宛にご送付ください。
送料小社負担にてお取替えいたします。
96P 23.5cm ISBN978-4-323-07410-8　NDC388
© Momoko Murata, WILL 2018

JCOPY 出版者著作権管理機構 委託出版物
本書の無断複写は著作権法上での例外を除き禁じられています。
複写される場合は、そのつど事前に出版者著作権管理機構（電話 03-3513-6969、FAX03-3513-6979、e-mail:info@jcopy.or.jp）の許諾を得てください。

※本書を代行業者等の第三者に依頼してスキャンやデジタル化することは、
　たとえ個人や家庭内での利用でも著作権法違反です。

● **編　集**
　豊島杏実・滝沢奈美（WILL）
● **表紙・本文デザイン**
　村田桃香（京田クリエーション）
● **DTP**
　新井麻衣子（WILL）
● **校　正**
　村井みちよ